PRISÕES, LIBERDADE E CAUTELARES PESSOAIS

NOVA FORMATAÇÃO A PARTIR DE 2020

Nereu José Giacomolli

PRISÕES, LIBERDADE E CAUTELARES PESSOAIS

NOVA FORMATAÇÃO A PARTIR DE 2020

Marcial Pons

MADRI | BARCELONA | BUENOS AIRES | SÃO PAULO

Prisões, liberdade e cautelares pessoais
Nova formatação a partir de 2020
Nereu José Giacomolli

CIP-Brasil. Catalogação na Publicação
Sindicato Nacional dos Editores de Livros, RJ

G429p

Giacomolli, Nereu José.
Prisões, liberdade e cautelares pessoais: nova formatação a partir de 2020 / Nereu José Giacomolli. - São Paulo, SP: Marcial Pons, 2020.
162 p. : 16 x 23 cm

Inclui bibliografia
ISBN 978-65-86696-01-1

1. Direito penal. 2. Medidas cautelares. 3. Prisões (Direito penal) - Brasil. I. Título.

CDD 345.810527

www.marcialpons.com.br

Impresso no Brasil

SUMÁRIO

CAPÍTULO VIII

CAPÍTULO IX

APRESENTAÇÃO

A presente obra labora na perspectiva do trinômio Liberdade, Justiça e Segurança, em face da nova formatação da prisão preventiva e das demais medidas cautelares, a partir de 2020, com a denominada "Lei Anticrime". Liberdade e prisão ou prisão e liberdade é um binômio em superação na complexidade contemporânea, inclusive pelo legislador ordinário, apesar das resistências da práxis forense. Os direitos fundamentais de liberdade, como afirma Jürgen Wolter, antecedem aos interesses estatais, por serem direitos de proteção (*abwehrrechte*), os quais encontram fundamento na dignidade humana e nos direitos humanos indisponíveis (*unveräbßerlich*), vinculantes ao legislador.[1] A restrição da liberdade, antes da declaração definitiva de culpa do sujeito, sempre será processual, mesmo que de "execução provisória" o legislador e alguns julgados queiram nominá-la. Os altos índices de encarceramento preventivo, mesmo com a incorporação ao ordenamento jurídico das medidas alternativas à prisão, em 2011, não recuaram significativamente, comprovando que a estratégia normativa apenas ocupa um dos lugares na cadeia aplicativa. Isso demonstra que as leis não vão realizar o que seus aplicadores não querem, salvo sancionamento à desobediência. Quiçá a proposta chilena da "Lei do Caramelo" seja a melhor alternativa. As situações carcerárias no Brasil, salvo honrosas exceções, laboram na desintegração do recluso, em sua totalidade: física, mental, familiar, social. Isso atinge o núcleo essencial do complexo de liberdade física e moral, ou seja, a liberdade pessoal, pressuposto do desenvolvimento da personalidade de cada ser humano.[2]

O preso há de saber acerca dos motivos de fato e sobre a base jurídica de

---

1. Em Wolter, Jürgen (organização de Luís Greco). *O inviolável e o intocável no direito processual penal.* Madri: Marcial Pons, 2018, p. 199.

2. Em Chiavario, Mario. *Problemi attuali della libertà personale, tra "emergenze" e "quotidiano" della giustizia penale.* Milão: Giuffrè, 1985, p. 7.

seu encarceramento (motivação e fundamentação), o qual encontra limite na razoabilidade do tempo de duração (temporalidade), a ser reexaminado a cada noventa dias. A restrição da liberdade, plena ou parcial, há de submeter-se à medida que menos sacrifício cause ao direito fundamental atingido (proporcionalidade), com respeito à dignidade da pessoa, separação dos presos provisórios dos condenados definitivamente, recolhimento ao cárcere como medida de *extrema ratio* (critério de Justiça). A retomada do controle dos cárceres pelo Estado é uma questão de segurança e reconhecimento do Estado de Direito. As organizações criminosas, facções, milícias acabam ocupando o *locus* do Poder Público, em toda dimensão do sistema criminal, desde a investigação até a execução a pena. O reconhecimento público dos problemas internos dos cárceres e do abandono cruel e desumano do sistema penitenciário, com o restabelecimento do direito à vida, à dignidade das pessoas encarceradas, são exigências da contemporaneidade. O direito a um juiz independente, imparcial e inserido no círculo vital de sua comunidade, alheio aos interesses das partes, despido de pré-compreensões inautênticas também interfere na retomada do rumo da Liberdade, Segurança e Justiça. Essas são algumas exigências de civilidade e de democracia republicanas. Alguns avanços foram dados, nesse sentido, pela Lei 12.403/2011, cuja resistência e restrição em sua aplicabilidade normativa fez emergir, mais uma vez, a genética formativa da crença no encarceramento preventivo, da antecipação da tutela penal material pelo processo. Mesmo antes da introdução das medidas alternativas ao cárcere (art. 319, CPP) em 2011, o trato digno, humanitário, proporcional e da prisão processual como *extrema ratio,* advindo da incorporação da normatividade da Convenção Americana dos Direitos do Homem (CADH) e da Constituição Federal de 1988, mormente da presunção de inocência, sofria severas e nítidas resistências ao seu reconhecimento e integração normativa. Porém, a compreensão de parcos níveis de convencionalidade e de constitucionalidade ainda requer leis ordinárias para dar eficácia à normatividade constitucional e supranacional.

A nossa estrutura processual, entretanto, é da década de quarenta, e os atores jurídicos foram nutridos por essas fontes, transpiram o processo que vemos na *law in action*. A existência de aproximadamente 800.000 presos no Brasil e, destes, mais de 40% sem condenação,[3] é apenas uma demonstração da forma como a realidade é compreendida. Como já advertia Chiavario, não existe somente a Constituição, também existem leis ordinárias e algumas remontam ao período fascista, mas também existe uma práxis aplicativa.[4] As reformas parciais de 2008 (provas, procedimentos, júri, e seus reflexos na sentença penal, na prisão e na liberdade para recorrer da pronúncia e da sentença condenatória,

---

3. Dados fornecidos pelo CNJ ao G1 (g1.globo.com), acesso em 05/02/2020.

4. Em Chiavario, Mario. *Problemi attuali della libertà personale, tra "emergenze" e "quotidiano" della giustizia penale*. Milão: Giuffrè, 1985, p. 11.

dentre outros), bem como a Lei 12.403/2011 abriram alguns sulcos no modelo de Justiça Criminal. Todavia, estão longe de inverter a lógica inquisitorial que permeia as regras processuais e a práxis forense, salpicadas por leis de emergência e no endeusamento redentor do cárcere.

Mesmo antes da eleição do atual presidente, o país foi tomado por uma campanha de alteração da legislação penal e processual penal. Nessa perspectiva de recrudescimento da legislação penal material e de novas medidas processuais, o denominado "*pacote anticrime*" recebeu uma nova formatação no Poder Legislativo e alguns vetos do Presidente da República. Contudo, inovações estão sendo questionadas no STF, por meio das ADI 6.298 (Associação dos Magistrados Brasileiros e Associação dos Juízes Federais do Brasil – Juiz de Garantias), ADI 6.299 (partido Político PODEMOS e CIDADANIA – prova ilícita), ADI 6.300 (Diretório Nacional do Partido Social Liberal – juiz de garantias) e ADI 6.305 (Associação Nacional dos Membros do Ministério Público – juiz de garantias, ilegalidade da prisão pela não realização da audiência de custódia e questões relativas ao arquivamento do inquérito policial). Inicialmente, o Presidente do STF, Min. Dias Toffoli, havia adiado por 180 dias a implementação do Juiz de Garantias, a partir de 23/01/2020. Posteriormente, o Min. Luiz Fux suspendeu a aplicação do referido instituto até decisão do Plenário da Corte, tendo constado, expressamente: "*a criação do juiz de garantias não apenas reforma, mas refunda o processo penal brasileiro e altera direta e estruturalmente o funcionamento de qualquer unidade judiciária criminal do país*". Com razão na questão da refundação, pois a disposição do art. 3º-A, do CPP é clara: "*o processo penal terá estrutura acusatória, vedadas a iniciativa do juiz na fase de investigação e a substituição da atuação probatória do órgão da acusação*". A suspensão, além dos arts. 3º-A a 3º-F, do CPP (juiz de garantias) abarcou também importantes avanços científicos do processo penal: a ilegalidade da prisão pela não realização da audiência de custódia (art. 310, § 4º, CPP), as novas regras ao arquivamento do inquérito policial (art. 28, *caput*, CPP) e a vedação de o juiz julgar o processo onde atuou com conhecimento da prova ilícita (art. 157, § 5º, CPP).

No que tange às medidas cautelares pessoais, objeto da presente monografia, destacam-se as seguintes inovações legislativas, as quais não integravam o nosso ordenamento jurídico: a) controle da prisão pelo juiz de garantias – suspenso liminarmente pelo STF; b) a audiência de custódia (art. 3º-B, II e art. 287, CPP); c) duração da prisão durante a investigação preliminar, por no máximo 15 dias após esgotado o prazo para sua conclusão, que é de 10 dias a partir da prisão (art. 10, CPP), com as particularidades, como no art. 51 da Lei nº 11.343/2004 – drogas –, e no art. 66 da Lei nº 5.010/1996 – crimes federais; d) reexame da prisão em até 10 dias após o recebimento da denúncia (art. 3º-B, § 2º, CPP); e) novas causas da proibição da liberdade provisória (art. 310, § 3º, CPP); f) base fática da prisão preventiva em fatos idôneos, ou seja: concretos, novos ou contemporâneos (arts. 312, § 2º e 315, § 1º, CPP); g) previsão exemplificativa de uma base fática inidônea à prisão (art. 315, § 2º, CPP); h) revisão da prisão a cada 90 dias (art. 316, parágrafo único, CPP); g) prisão obrigatória ("*execução provisória*") quando o réu for condenado a uma pena igual ou superior a 15 anos, em julgamento pelo Tribunal do Júri (art. 492, I, "e", CPP); h) vedação do decreto de prisão fundado somente em declarações do delator (art. 4º, § 16, I, Lei 12.850/2013); i) cumprimento da prisão preventiva do delator, em estabelecimento diverso dos corréus (art. 5º, VI, Lei 12.850/2013).

Ainda, merecem destaque: a) o contraditório como regra antes de ser decretada a prisão (art. 282, § 3º, CPP); b) a vedação do decreto da prisão *ex officio* (arts. 282, § 2º e 311, CPP); c) o reforço de que a prisão preventiva se constitui na *ultima* e *extrema ratio* (art. 282, § 4º, CPP); d) a necessidade de motivação e fundamentação, de forma individualizada, do descabimento das alternativas ao cárcere, constantes no art. 319 do CPP (art. 282, § 6º, CPP); e) a obrigatoriedade de motivar e fundamentar o decreto de prisão preventiva (art. 312, § 2º, CPP), bem como a decisão que substituir ou denegá-la (art. 315, CPP); d) a reserva jurisdicional qualificada na prisão: ordem escrita, fundamentada e por autoridade competente (art. 283, CPP); e) a expressa inclusão do *periculum libertatis* no art. 312 do CPP.

A busca do difícil equilíbrio entre as exigências de eficiência e as de garantia, entre Liberdade, Segurança e Justiça, as quais permeiam as medidas cautelares, é um dos objetivos deste trabalho. A presente obra parte de uma ancoragem constitucional e convencional dos princípios aplicáveis às medidas cautelares, mormente à prisão preventiva. Após abordar a prisão em flagrante e a liberdade provisória, o trabalho enfrenta o tema da prisão preventiva, com todas as suas especificidades, para, então, analisar as medidas cautelares alternativas ao cárcere. A Lei 13.964/2019 deu uma nova formatação normativa à prisão preventiva, ao flagrante e às demais medidas cautelares alternativas ao recolhimento ao cárcere, que a mera atualização da obra "*Prisão, liberdade e as cautelares alternativas ao cárcere*", publicado em 2013, pela Marcial Pons, revelou-se inadequado e insubsistente. Na época, ainda vivíamos a novidade das medidas cautelares alternativas à prisão preventiva, diverso do novo formato dos cautelares pessoais, mormente da prisão preventiva. Há uma nova formatação legal acerca das medidas cautelares de caráter pessoal. Por isso, a opção por uma nova obra, como outro título: "Prisões, Liberdade e Cautelares Pessoais: nova formatação jurídica a partir de 2020".

Porto Alegre, fevereiro de 2020.

CAPÍTULO I

FUNDAMENTOS PRINCIPIOLÓGICOS DAS MEDIDAS CAUTELARES PESSOAIS

1. Reserva jurisdicional qualificada

A prisão no Brasil somente terá aderência constitucional quando resultar de flagrante delito ou de ordem escrita e fundamentada de uma autoridade judicial competente. É o que se infere do art. 5º, LXI, da CF, o qual também excepciona os casos de transgressão militar e os crimes militares definidos em lei (não mais se admite a prisão "*para averiguações*"). Em seu art. 282, § 2º, o CPP estrutura-se na perspectiva constitucional, ao preconizar que as medidas cautelares serão decretadas pelo Juiz. A prisão pode decorrer do flagrante, mas este não possui potencialidade suficiente para manter a prisão, depois de cumprida a sua funcionalidade. Assim, a prisão em flagrante poderá deter, prender, mas não possui entidade legal e jurídica para manter o sujeito preso além das vinte e quatro horas (arts. 306, § 1º e 310, *caput*, do CPP).[1] Sua potencialidade, no que tange aos efeitos, é limitada e restrita. Por isso, se faz mister a intervenção judicial, não só para controlar a legalidade do flagrante, do auto de prisão em flagrante, mas também para preservar os direitos fundamentais do flagrado, mormente o de ir e vir. Isso ocorre, pela primeira vez, na audiência de custódia (art. 310, *caput* e seus parágrafos, CPP). A prisão advinda do flagrante é uma

---

1. O que restou suspenso pelo STF, até decisão pelo plenário, foi o efeito da ilegalidade da prisão, caso não seja realizada a audiência de custódia no prazo de 24 horas após a realização da prisão (art. 310, § 4ª, CPP)

medida pré-cautelar, antecedente não necessário da prisão preventiva. Portanto, a intervenção judicial, na hipótese do flagrante, direciona-se ao controle da legalidade da prisão e também dos direitos fundamentais do flagrado. Por isso, ao magistrado, ao receber o auto de prisão em flagrante, se apresenta uma série de atividades jurisdicionais direcionadas à preservação do *status libertatis*, antes de optar pela manutenção da prisão. Portanto, o flagrante, por si só, não mantém a pessoa presa legal e constitucionalmente, por mais de vinte e quatro horas.

O próprio art. 283 do CPP alinha o sistema legal ao princípio constitucional da reserva jurisdicional qualificada (competência, forma escrita e fundamentação). Qualquer do povo poderá, e as autoridades policiais e seus agentes deverão, prender quem se encontre em flagrante delito, mas os efeitos dessa prisão, por carecer de jurisdicionalidade, circunscrevem-se à detenção, não subsistindo sem o controle jurisdicional da constitucionalidade, convencionalidade e legalidade, bem como da necessidade de o flagrado continuar preso provisoriamente.

O art. 283 do CPP também limita a intervenção jurisdicional sobre o direito de liberdade, ao estabelecer que a ordem judicial para prender alguém somente poderá ocorrer nas hipóteses de prisão cautelar ou em virtude de condenação criminal transitada em julgado, sempre por autoridade competente, por escrito e de forma fundamentada. Não mais se justifica a prisão *ex lege* ou com efeitos automáticos após a prática de determinado delito, constituindo-se, tal obrigatoriedade, nos casos de condenação pelo Tribunal do Júri, a pena superior a 15 anos, em manifesta inconstitucionalidade, por ofensa ao estado de inocência (art. 5º, LVII, CF). Embora o art. 492, I, "*e*", introduzido pela Lei 13.964/2019 se refira a "*execução provisória*", trata-se de prisão processual e não de prisão-pena, na medida em que ainda não houve o trânsito em julgado.

A determinação judicial, diferentemente da ordem de prisão em flagrante (verbal), há de ser escrita. Essa formalização escritural garante a aderência da prisão aos diplomas internacionais firmados pelo Brasil (convencionalidade), à Constituição Federal e aos ditames legais. Por isso, a ordem judicial de prisão há de seguir o devido processo penal, atendendo aos fundamentos da imparcialidade e do contraditório. Este, sempre que o ato não possuir entidade para frustrar a sua efetividade. Em suma, a decisão judicial há de ser qualificada.

Além de escrita, a ordem há de ser fundamentada (arts. 283, 310, 315, CPP), isto é, justificada na motivação fática e jurídica, devidamente racionalizada, vinculativa do suporte fático ao motivo legal (conveniência da instrução criminal, por exemplo). Nessa modalidade exemplificada, a decisão há de dizer quais os fatos e quais as circunstâncias congruentes com a conveniência da instrução criminal. As expressões padronizadas, desvinculadas da concretude fática dos autos não oferecem um substrato legítimo (convencional, constitucional e legal) à prisão.[2] Ademais, meras referências à espécie do delito praticado, às consequências típicas deste e ao dispositivo legal desvirtuam a garantia da motivação e da fundamentação da prisão.

A autoridade judicial exerce a sua função dentro de certos limites territoriais, segundo as regras do reparto da competência, determinadas pela CF, pelo CPP, pela legislação específica (Código de Organização Judiciária, por exemplo) e pelos regimentos internos dos Tribunais. Em se tratando de um crime militar, o juízo comum não possui competência para decretar a prisão preventiva ou outras medidas cautelares, por não ser a autoridade competente. Caso tenha sido firmada a prisão preventiva por um magistrado da Justiça Comum Estadual, por exemplo, com processamento na respectiva Justiça, o deslocamento da competência fulminará o *decisum*, em razão da incompetência da autoridade.

Portanto, por reserva jurisdicional qualificada se compreende que a prisão preventiva somente será decretada por escrito, por uma autoridade judicial competente, de forma motivada e fundamentada sob bases fáticas e jurídicas idôneas (fatos novos ou contemporâneos - art. 315, § 1°, CPP), sob pena de haver constrangimento ilegal, a ser remediado mediante habeas corpus.

2. Motivação e Fundamentação das decisões

Dos arts. 5°, LXI e 93, IX, da CF infere-se que todas as decisões do Poder Judiciário devem ser fundamentadas, sob pena de nulidade. Portanto, a falta de fundamentação do decreto da prisão preventiva produz um defeito, um vício, cuja consequência é a invalidade da decisão, a qual implica na soltura do sujeito.

Ademais, a Lei 13.964/2019 manteve a exigência de motivação no decreto de prisão preventiva (arts. 312, § 2° e 315, CPP). Contudo, acrescentou o termo fundamentação à anterior redação. Fundamentar uma decisão é explicar e justificar, racionalmente, a motivação fática e jurídica do convencimento. Não só a exteriorização escritural e pública do convencimento do magistrado possui relevância constitucional, mas também o grau de aceitabilidade produzido nos agentes envolvidos no caso penal e na comunidade jurídica. Isso possibilita a compreensão do *decisum* pelos sujeitos e pelas partes, propiciando uma impugnação adequada, eficaz e plena. Não é suficiente a mera declaração de conhecimento acerca do conteúdo dos autos, e nem a simples emissão volitiva, mas a demonstração argumentativa (*ratio dicendi*) dos pressupostos fáticos e jurídicos da exigência cautelar.

---

2. Ainda se pode observar na *Law in action* a utilização das seguintes expressões: "zelar pela credibilidade das instituições" ou do "Poder Judiciário"; "o crime é grave"; "evitar a sensação de impunidade"; "insegurança do meio social", "acautelamento do meio social", etc.

A fundamentação permite o controle interno da decisão (material e formal), o qual se dá pela impugnação através dos remédios jurídicos (recursos, ações autônomas de impugnação e medidas correicionais), bem como o controle externo, por meio da possibilidade de os cidadãos fiscalizarem o provimento judicial. Com isso resta diminuído o caráter voluntário e subjetivo da prestação jurisdicional. Os controles epistêmicos legitimam, constitucionalmente, o saber-poder do magistrado, submetendo-o à via impugnativa pré-determinada. Por motivo se entende a causa ou a condição de uma escolha, a qual direciona a atividade a um fim específico, orientando a conduta humana. Todavia, os motivos não fornecem uma explicação ou uma justificação. O fundamento é a explicação ou a justificação racional da coisa da qual é causa; a razão de ser, permitindo compreender porque determinado *decisum* foi proferido num sentido e não em outro; porque o sujeito há de ser preso, permanecer em liberdade ou serem aplicadas outras medidas restritivas, alternativas da custódia processual. O magistrado, diante de um pedido de prisão processual estará diante da liberdade plena, de outras medidas constritivas previstas em lei ou do encarceramento necessário e justo. Entretanto, essa escolha se desvincula das preferências subjetivas e possui limites convencionais, constitucionais e legais. Pode-se dizer que uma decisão está bem fundamentada quando o seu conteúdo é explicável e justificável objetivamente.

O magistrado fundamenta uma decisão quando justifica, racionalmente, porque procede de certa maneira, em determinado sentido e não em outro, porque faz com que a decisão produza este ou aquele efeito (recolher à prisão, conceder a liberdade plena ou limitada por medidas alternativas ao recolhimento ao cárcere). A motivação se constitui na ação determinante da razão de ser da decisão, nos instrumentos que orientam a explicação do *decisum*. É o motivo que direciona a ação num sentido ou em outro. Portanto, motivar não é sinônimo de fundamentar. Nas hipóteses da prisão preventiva, a fundamentação, constitucionalmente adequada, se perfectibiliza com a racionalização dos motivos fáticos e jurídicos.

As mesmas circunstâncias fáticas - motivos - podem embasar duas decisões diferentes, dependendo da compreensão e da justificação do juiz. Em igual perspectiva, idêntica matéria de direito - motivo - poderá levar a duas decisões diferentes. Por isso, a motivação orienta o raciocínio do magistrado, mas resta dependente, a fundamentação, da exteriorização racional, de sua justificação. A racionalização do um juiz poderá ser diferente da explicação dada por outro decisor, embora os dois utilizem os mesmos substratos de fato e de direito. Mas é a fundamentação que permite às partes e aos interessados saber o porquê da conclusão num sentido ou em outro; permite desvendar o aspecto positivo (o explicitado) e o negativo (o porquê da conclusão diferente). A dualidade e o oposto são possibilidades, motivo por que a decisão comporta impugnação e modificação, via remédios jurídicos. Os fragmentos do ocorrido se incorporam ao processo e nele criam outra realidade fática, muito além do original, cuja compreensão difere de sujeito a sujeito. Isso significa que pode ser emitida uma solução oposta a que foi exteriorizada nos autos do processo, mas também justificável, fundamentada, inclusive sobre o mesmo substrato.

Reproduzir tão-somente os termos da lei (prisão para garantir a aplicação da lei penal, por exemplo), transcrever o parecer do Ministério Público ou o relatório da autoridade policial, não é motivar e nem fundamentar a decisão. O substrato fático concretizado nos autos e não o posto na tela do ordenamento jurídico, fornecerá ao magistrado, no momento de fundamentar (cria a normatividade ao caso concreto), a motivação constitucionalmente adequada e válida.[3]

A detenção em flagrante não mantém, validamente, a custódia cautelar do sujeito, em face do art. 93, IX, da CF, referendados nos arts. 283 e 310 do CPP (nova redação dada pela Lei 13.964/2019). Com isso, não estamos afirmando que alguém não pode ser detido em flagrante delito. Entretanto, a prisão advinda da lavratura do auto de prisão em flagrante tem por suporte uma circunstância fática constatada e consubstanciada pela autoridade administrativa; portanto, necessita de um controle jurisdicional competente, escrito, motivado e fundamentado, o qual há de ocorrer já na audiência de custódia (art. 310, *caput*, CPP). Assim, mesmo quando o auto de prisão em flagrante for homologado, a prisão, ainda, não estará motivada e fundamentada. Faz-se mister analisar os motivos de fato e de direito (cabimento da prisão preventiva) à sustentação idônea e válida da restrição da liberdade ou da aplicação das medidas alternativas ao recolhimento ao cárcere (art. 319, CPP). O afastamento das alternativas constantes no art. 319 do CPP, a partir da entrada em vigor da Lei 13.964/2019, passou a exigir uma motivação e uma fundamentação individualizadas, isto é, com análise de todas as hipóteses quem poderiam ser aplicadas (art. 282, § 6º, CPP). Portanto, o magistrado, mesmo homologando o auto de prisão em flagrante, para manter o flagrado preso, validamente, deverá motivar e fundamentar a sua decisão. Em suma, há de enunciar os motivos de fato e de direito pelos quais mantêm o sujeito preso ou aplica outras medidas cautelares.

O legislador de 2019, no art. 315 do CPP enfatizou a necessidade de motivação e de fundamentação da decisão acerca da prisão preventiva e das medidas alternativas ao recolhimento ao cárcere; determina a indicação dos motivos fáticos. Esses serão idôneos quando se constituírem em fatos novos e contemporâneos (art. 315, § 1º, CPP). Exemplificou, o legislador, no § 2º do art. 315 do CPP, com uma série de fatos e circunstâncias inidôneas ao decreto

---

3. V. Tarelo, Giovani. *L'Interpretazione della legge*. Milão: Giufrrè, 1980, p. 67 a 75.

de prisão, facilmente encontráveis na *law in action*, apesar de não exaustivos: reprodução ou paráfrase de ato normativo, sem explicar sua relação com a causa ou questão decidida; emprego de conceitos jurídicos indeterminados; motivação que serviria para qualquer decisão; deixar de analisar todos os argumentos; invocar súmula ou precedente ou deixar de aplicá-los, sem identificar a pertinência ou não ao caso concreto.

A existência do crime e de indícios suficientes de autoria (*fumus commissi delicti*), bem como o perigo ou o risco de o indiciado, flagrando ou imputado permanecer solto (*periculum libertatis*), exigem um suporte em motivos de fato, em circunstâncias atuais e concretas, capazes de atender aos requisitos autorizadores. Meras possibilidades afastam os requisitos legais, na medida em que são os fatos concretos que motivam as medidas cautelares.

Tanto a fundamentação do juiz de primeiro grau, quanto dos Tribunais, está limitada pela representação da autoridade policial ou pelo pedido das partes, sob pena de atuação *ex officio*, viciando a fundamentação do *decisum*. Estabelecido o debate e o contraditório acerca da base jurídica e fática que dá suporte à fundamentação (prisão preventiva para garantir a instrução criminal, em face da ameaça de testemunhas, por exemplo). Uma vez impugnada a decisão, outro grau jurisdicional está limitado a esta conformação, não podendo haver inovação, acréscimo de outros motivos de fato (gravidade concreta do delito) ou de direito (garantia da ordem pública), sob pena de haver complementação *ex officio*, iniciativa judicial vedada pelo art. 282, § 2º, do CPP, além de desvirtuamento da separação das funções petitórias e decisórias.

Assim, a restrição da liberdade, seja pela prisão ou pela aplicação de outras medidas cautelares, encontra adequação constitucional quando tiverem por suporte circunstâncias fáticas congruentes com a motivação jurídica, emergentes dos autos, da situação procedimental ou processual. Nessa mesma perspectiva, a revogação da liberdade provisória, a substituição de medida cautelar por outra, a sua cumulatividade, bem como a decretação da prisão preventiva deverão estar devidamente motivadas e fundamentadas.

A sanção processual cominada pelo legislador pela carência de fundamentação foi a nulidade, conforme art. 564, V, do CPP, acrescentado pela Lei 13.964/2019.

3. Presunção de inocência[4]

No direito romano, por influência do cristianismo, na verificação da situação de uma pessoa acusada, incidia a máxima do *in dubio pro reo*, como regra referente à valoração da prova.[5] A Carta Magna de 1215 vedava a perda da liberdade e da propriedade em razão de uma prisão injusta, salvo nas hipóteses previstas em lei, após um justo julgamento por seus pares.[6] Na *common law* não há nexo entre a presunção de inocência e a liberdade pessoal, mas sim com o encargo probatório, em razão do modelo acusatório de processo penal.[7] Com a inquisição, na Idade Média (estrutura de processo penal inquisitório) não se partia da inocência do acusado, mas de sua culpabilidade. Nesse sistema, a inocência era declarada quando o acusado a demonstrasse (*purgatio* da acusação), bastando um simples indício à formação de um juízo condenatório. Por isso, na transição dos modelos históricos de processo penal, do inquisitório ao acusatório, a presunção de inocência assumiu uma relevante funcionalidade em sua modificação estrutural, principalmente no que diz respeito à liberdade e à prova.

No âmbito da Europa continental, a presunção de inocência passou a ganhar corpo a partir das críticas dos pensadores iluministas acerca dos sistemas penais. Isso se verificou, principalmente, em razão da discussão da relação da potestade punitiva do Estado e da liberdade individual com o direito natural e inviolável da presunção de inocência dos cidadãos, culminando com a sua inserção na Declaração dos Direitos do Homem e do Cidadão de 1789. Com o CPP francês de 1808, a presunção de inocência, na concretização garantística, restou comprometida, mormente no que tange à prova (imparcialidade do juiz e

---

4. V. Giacomolli, N.J. *O Devido Processo Penal: abordagem conforme a CF e o Pacto de São José da Costa Rica*. São Paulo: Gen/Atlas, 2016, p. 119, quando defende a tese de que a inocência é um estado da pessoa e não uma presunção, na perspectiva da essência do ser. V., também, do mesmo autor, "Art. 5º, LVII - ninguém será considerado culpado até o trânsito em julgado da sentença penal condenatória", em Gomes Canotilho, J.J., Mendes, Gilmar Ferreira; Sarlet, Ingo Wolfgang e Streck, Lênio Luiz (coord.). *Comentários à Constituição do Brasil*. São Paulo: Saraiva Educação, 2018, p. 471 a 478.

5. Em Moraes, Maurício Zanoide de. *Presunção de inocência no processo penal brasileiro*. São Paulo: RT, 2010, p. 01 e ss., pode-se ver uma análise adequada acerca da inexistência de presunção de inocência até sua inscrição na Declaração dos Direitos do Homem e do Cidadão.

6. Art. 39: *Nenhum homem livre será detido ou preso, nem privado de seus direitos (disseisiatur), banido (utlagetur) ou exilado ou, de algum modo, prejudicado (destruatur), nem agiremos ou mandaremos agir contra ele, senão mediante um juízo legal de seus pares ou segundo a lei da terra (nisi per legale iudicium parium suorum vel per legem terre).*

7. Segundo Dominioni, Oreste. *Commentario della Constituzione - Art. 27-28*. Bolonha: Zanichelli, 1991, p. 164, isso se deve ao âmbito de proteção da liberdade pessoal através do habeas corpus na *common law*. Também, Ghiara, Aldo. "Presunzione di innocenza, presunzione di «non colpevolezza» e formula dubitativa, anche alla luce degli interventi della corte costituzionale", em *Rivista Italiana di Diritto e Procedura Penale*, 1974, p.74, evidencia considerações sobre a aplicabilidade da presunção de inocência no modelo inglês.

busca da verdade), em razão do novo paradigma processual.[8] As estruturações e modificações processuais seguintes, de matriz acusatória ou inquisitorial, em dois pontos fundamentais - liberdade e prova -, revelam o grau de concretização do estado de inocência.

A Declaração de Direitos do Homem e do Cidadão, de 26/08/1789, em seu art. 9º, rompendo com o *Ancien Regime*, expressamente enunciou a presunção de inocência,[9] em atendimento às críticas dos pensadores da ilustração à estrutura inquisitorial do processo penal, a qual partia da presunção de culpabilidade do imputado, produzindo seus principais efeitos na prova e na prisão.[10] O art. 11 da Declaração Universal dos Direitos Humanos (DUDH) de dezembro de 1948, em face das experiências da Segunda Guerra Mundial (violações aos direitos humanos), e da esperança de que as transgressões poderiam ser prevenidas por meio de um efetivo sistema de proteção internacional, acolheu a presunção de inocência como uma das garantias do justo processo.[11] A Convenção Europeia para a Tutela dos Direitos do Homem e da Liberdade Fundamental (Roma, 4/11/1950) reconhece, em seu art. 6.2, na presunção de inocência, um princípio basilar de construção e de desenvolvimento das garantias processuais, além de dispor de um órgão para lhe dar efetividade (Corte Europeia dos Direitos do Homem).[12] O Pacto Internacional sobre os Direitos Civis e Políticos (PIDCP), aprovado pela Assembleia Geral da ONU em 16/12/1966, além de reiterar a presunção de inocência, no art. 14.2 especifica, de modo mais detalhado, as garantias processuais penais do acusado.[13]

A Declaração Americana de Direitos e Deveres do Homem, aprovada na 9ª Conferência Internacional Americana (1948), no art. 26, consagra a presunção de inocência, a qual foi inserida no tópico *Direito a um Processo Regular*.[14] A Convenção Americana sobre Direitos Humanos (22/11/1969) estabeleceu em

---

8. Em Dominioni, Oreste. *Commentario della Constituzione - Art. 27-28*. Bolonha: Zanichelli, 1991, p. 170 a 174.

9. *Como todo homem deve ser presumido inocente até que tenha sido declarado culpado...,*.

10. V. Vegas Torres, Jaime. *Presunción de inocencia y prueba en el proceso penal.* Madrid: La Ley, 1993, p. 19.

11. *Toda pessoa acusada de um ato delituoso tem o direito de ser presumida inocente até que a sua culpabilidade tenha sido provada, de acordo com a lei, em julgamento público, no qual lhe tenham sido asseguradas todas as garantias necessárias à sua defesa.*

12. *Toda pessoa acusada de um delito é presumivelmente inocente até quando sua culpabilidade não seja legalmente apurada.* Sobre a convenção, v. Bartole, Sérgio; Conforti, Benedetto e Raimondi, Guido. *Commentario alla Convenzione Europea per la Tutela dei Diritti dell'Uomo e delle Libertà Fondamentali.* Milão: Cedam, 2001, p. 216 a 222; Chiavario, Mário. "La presunzione d'innocenza nella giurisprudenza della Corte Europea dei diritti dell'uomo", em *Studi in Ricordo di Giandomenico Pisapia.* Milão: Giuffrè, 2000, p. 80 e 81.

13. "Toda pessoa acusada de um delito é presumivelmente inocente, até que sua culpabilidade não tenha sido legalmente estabelecida".

14. *Parte-se do princípio de que todo acusado é inocente, até prova de sua culpabilidade.*

seu art. 8.2, as garantias judiciais e, dentre elas, a da presunção de inocência.[15] A carta de adesão foi depositada pelo Brasil em 25/09/1992, e a promulgação ocorreu através do Decreto nº 678, de 06/11/ 1992.

Os diplomas internacionais acerca dos direitos humanos influenciaram o legislador constitucional de inúmeros países, de modo que a presunção de inocência foi sendo inserida nas Constituições. Mencionamos a sua consagração, além de outros países, no continente europeu, no art. 24.2 da Constituição Espanhola de 1978,[16] na Constituição Francesa de 1958 que, em seu preâmbulo (idêntica força dos dispositivos contidos no texto principal), declara adesão aos princípios da Declaração de 1789,[17] no art. 32.2 da Constituição Portuguesa de 1976[18] e no art. 27.2 da Constituição Italiana de 1947.[19]

As Constituições brasileiras anteriores a de 1988, embora destinassem um capítulo específico aos Direitos e às Garantias Individuais, através de um rol meramente exemplificativo, não previam, expressamente, a presunção de inocência. Limitavam-se a especificar os direitos e as garantias contidos na Constituição, os quais não eram excludentes de outros direitos e garantias decorrentes do regime e dos princípios nelas adotado.[20] Com a DUDH de 1948 restou nítida e explícita

---

15. *Toda pessoa acusada de praticar um delito tem direito a que se presuma sua inocência enquanto não se comprove legalmente sua culpabilidade*. Sobre a Convenção, v. Steiner, Sylvia Helena de Figueiredo. *A Convenção Americana sobre Direitos Humanos e sua Integração ao Processo Penal Brasileiro*. São Paulo: RT, 2000; Gomes, Luiz Flávio e Piovesan, Flávia. *O Sistema Interamericano de Proteção dos Direitos Humanos e o Direito Brasileiro*. São Paulo: RT, 2000; Comparato, Fábio Konder. *A Afirmação Histórica dos Direitos Humanos*. São Paulo: Saraiva, 2004.

16. *Todos têm direito a um Juiz ordinário pré-determinado pela lei, à defesa e à assistência de advogado, a serem informados da acusação formulada contra eles, a um processo público sem dilações indevidas e com todas as garantias, a utilizar os meios de prova pertinente à sua defesa, a não prestar declarações contra si mesmo, a não se confessar culpado e à presunção de inocência.*

17. *O povo francês proclama solenemente sua adesão aos Direitos do Homem e aos princípios de soberania nacional tal como foram definidos na Declaração de 1789, confirmada e completada pelo preâmbulo da Constituição de 1946.*

18. *Todo imputado será considerado inocente até o trânsito em julgado da sentença condenatória definitiva. Deverá ser julgado num prazo mais breve compatível com as garantias da defesa.*

19. *O acusado não será considerado culpado até o trânsito em julgado de uma sentença condenatória.*

20. Nesse sentido, o art. 78 da CF de 1891(*A especificação das garantias e direitos expressos na Constituição não exclui outras garantias e direitos não enumerados, mas resultantes da forma de governo que ela estabelece e dos princípios que consigna*); o art. 114 da CF de 1934 (*A especificação dos direitos e garantias expressos nesta Constituição não exclui outros, resultantes do regime e dos princípios que ela adota*); o art. 123 da CF de 1937 (*A especificação das garantias e direitos acima enumerados não exclui outras garantias e direitos, resultantes da forma de governo e dos princípios consignados na Constituição. O uso desses direitos e garantias terá por limite o bem público, as necessidades da defesa, do bem-estar, da paz e da ordem coletiva, bem como as exigências da segurança da Nação e do Estado em nome dela constituído e organizado nesta Constituição*); o art. 144 da CF de 1946 (*A especificação dos direitos e garantias expressas nesta Constituição não exclui outros direitos e garantias decorrentes do regime e dos princípios que ela adota*); o art. 150, § 35, da CF de 1967 (*A Constituição assegura aos brasileiros e aos estrangeiros residentes no País a inviolabilidade dos direitos concernentes à vida, à liberdade, à segurança e à propriedade, nos*

a necessidade de proteção da liberdade, da igualdade e da dignidade da pessoa, como valores essenciais de convivência humanitária. Isso refletiu na discussão acerca da presunção de inocência e na estruturação do processo penal. Iniciou-se um questionamento da validade das regras do CPP, especialmente da presunção de inocência, em razão da DUDH. O STF decidiu, em face do disposto no art. 150, § 35 da CF de 1967, pela inconstitucionalidade do art. 48 do Decreto-Lei nº 314/1967. Este previa a suspensão do exercício da profissão, emprego em entidade privada, assim como cargo na administração pública, autarquia, empresa pública ou sociedade de economia mista, em razão de prisão em flagrante delito ou pelo simples recebimento da denúncia. A consagração expressa do princípio da presunção de inocência veio na CF de 1988, no art. 5º, LVII: *ninguém será considerado culpado até o trânsito em julgado da sentença penal condenatória*, cuja redação foi inspirada na Constituição Italiana de 1948.[21]

As expressões *presunção de inocência* (formulação positiva) e *presunção de não culpabilidade* (formulação negativa) são equivalentes, independentemente das possíveis distinções idiomáticas, semânticas e de purificação conceitual. Distinguir é reduzir o alcance da regra humanitária do *status libertatis*, afastando-se do conteúdo da previsão constante nos diplomas internacionais antes mencionados; em suma, diferenciá-las é afastar a presunção de inocência, embora se trate de presunção *iuris tantum*. Dizer que o sujeito no processo não é culpado, mas imputado, é colocar em dúvida a sua inocência, é desvirtuar o regramento probatório e a proteção da liberdade; é não admitir a presunção de inocência em sua formulação plena; é dizer que o acusado é *semi-inocente* (posição intermediária entre culpado e inocente). Quando não se é presumivelmente culpado, se é presumivelmente inocente, pois *qui negat de uno dicit de altero*.[22]

termos seguintes: § 35 – A especificação dos direitos e garantias expressas nesta Constituição não exclui outros direitos e garantias decorrentes do regime e dos princípios que ela adota); e o art. 153, § 36, da Emenda Constitucional nº 1, de 17/10/1969 (*A Constituição assegura aos brasileiros e aos estrangeiros residentes no País a inviolabilidade dos direitos concernentes à vida, à liberdade, à segurança e à propriedade, nos termos seguintes: § 36. A especificação dos direitos e garantias expressos nesta Constituição não exclui outros direitos e garantias decorrentes do regime e dos princípios que ela adota*).

21. Art. 27.2: *O acusado não é considerado culpado até a condenação definitiva.*

22. Segundo Bellavista, em Ghiara, Aldo. "Presunzione di innocenza, presunzione di «non colpevolezza» e formula dubitativa, anche alla luce degli interventi della corte costituzionale", em *Rivista Italiana di Diritto e Procedura Penale*, 1974, p. 85. Em Dominioni, Oreste. *Commentario della Constituzione – Art. 27-28*. Bolonha: Zanichelli, 1991, p. 188 a 196, bem como no trabalho retro citado, de Ghiara, p. 82 a 85, se pode verificar os debates da Assembléia Constituinte Italiana acerca da redação da presunção de inocência. Houve referências que a locução presunção de inocência era muito teórica e a Constituição é *algo de prático*. A redação da subcomissão era: *o imputado é presumivelmente inocente, até que um ato da autoridade judiciária o declare culpado*. Após algumas propostas alternativas, a redação ficou: *o acusado não é considerado culpado até a condenação definitiva*. A justificativa é de que houve a necessidade de ser adotada uma *fórmula menos drástica*. Falar em presunção de inocência seria *algo de natureza romântica*, enquanto a redação aprovada constitui *uma expressão de alguma exigência concreta*. Nos debates que culminaram com

Segundo Franco Cordero, desde 1913, Vincenzo Manzini, campeão da cultura penal reacionária, mofava *a ideia paradoxal de que alguém é presumivelmente inocente e, de forma mais elegante, Alfredo Rocco liquida o assunto com uma observação semiológica: não há sentido em chamar alguém de culpado ou inocente. Até o julgamento, será um indivíduo sobre o qual pesarão hipóteses mais ou menos prováveis.* Dois sintagmas com marcas emotivamente diferentes: *presumivelmente inocente e não considerado culpado. Inocente qualifica-o em sentido positivo; culpado, impõe-lhe um estigma.*[23] Nessa linha, Chiavario refere que Vicenzo Manzini, o máximo artífice do Código Rocco, tratava com escárnio o princípio da presunção de inocência.[24]

A presunção de inocência é um princípio de elevado potencial político e jurídico, indicativo de um modelo basilar e ideológico de processo penal, interferindo, substancialmente, na limitação do direito de liberdade do cidadão. Quando estruturado, interpretado e aplicado, há de seguir o signo da dignidade e dos direitos essenciais da pessoa humana,[25] afastando-se das bases inquisitoriais, as quais partiam do pressuposto contrário, ou seja, da presunção de culpabilidade da pessoa. A adoção ou não do princípio da presunção de inocência revela a opção constitucional por um modelo de processo penal.[26] O alto índice de encarceramento no Brasil (mais de 800.000), com aproximadamente 40% de

a modificação de redação, não emergiu qualquer preocupação com a abrangência de tal garantia, mas sim a de evitar que tal princípio fosse reapresentado com uma dicção novamente exposta às antigas acusações de falta de lógica técnico-jurídica. Houve uma escolha antecipada da fórmula que resultou mais clara para exprimir um conceito dito por todos aqueles que presumem o réu inocente até que não tenha sido definitivamente condenado. Conclui Dominioni pela equivalência das duas expressões, afirmando: *tanto que, mesmo depois da mudança da alteração da redação em todas as intervenções continuou-se a falar de presunção de inocência e quem se declarava contrário ao princípio, não hesitava em reconhecer a equivalência de significado das duas fórmulas. Além disso, o que mais conta é a individualização das consequências práticas do princípio.* Segundo Chiavario, Mário. "Presunzione d'innocenza e diritto di difesa nel pensiero di Francesco Carrara", em *Rivista Italiana de Diritto e Procedura Penale*, 1991, p. 358, a Constituição não teve coragem de consagrar a presunção de inocência em sua expressão mais genuína.

23. Cordero, Franco. *Guida alla Procedura Penale.* Torino: UTET, 1986, p. 257.

24. Chiavario, Mário. *Problemi Attuali della Libertà Personale, tra "emergenze" e "quotidiano" della giustizia penale.* Milão: Giuffrè, 1995, p. 11.

25. Nesse sentido, Chiavario, Mário. "La presunzione d'innocenza nella giurisprudenza della Corte Europea dei diritti dell'uomo", em *Studi in Ricordo di Giandomenico Pisapia.* Milão: Giuffrè, 2000, p. 75; Gomes Filho, Antônio Magalhães. *Presunção de Inocência e Prisão Cautelar.* São Paulo: Saraiva, 1991, p. 37, acentuam os valores inerentes à dignidade da pessoa humana, advindos da presunção de inocência.

26. Segundo Carrara, em Chiavario, Mário. "Presunzione d'innocenza e diritto di difesa nel pensiero di Francesco Carrara", em *Rivista Italiana de Diritto e Procedura Penale*, 1991, p. 357, a presunção de inocência ocupa o centro do edifício que a ciência racional do processo penal é chamada a construir. V. também, Illuminati, Giulio. *La presunzione d'innocenza dell'imputato.* Bolonha: Zanichelli, 1984, p. 15 e Vegas Torres, Jaime. *Presunción de inocencia y prueba en el proceso penal.* Madrid: La Ley, 1993, p. 35, ao reconhecerem que a presunção de inocência possui um significado, pelo menos, dúplice: regra de tratamento do imputado e regra de juízo.

presos sem condenação, afirma a crença no recolhimento ao cárcere, na punição através da pena privativa de liberdade e como estratégia primeira para prevenir a criminalidade, bem como revelar a concepção da prisão preventiva como uma antecipação da tutela penal material.[27]

Quando a perspectiva de análise partir da presunção de inocência, a regra é a manutenção da liberdade, sem restrições (regra protetiva do *status libertatis* - tratamento interno), com o emprego dos remédios jurídicos garantidos pela Constituição Federal e pela legislação ordinária, mormente através do habeas corpus. Por isso, a prisão somente se justifica após uma sentença condenatória com trânsito em julgado e a prisão preventiva, bem como as demais medidas cautelares previstas no art. 319 do CPP, não representam uma antecipação dos efeitos de uma condenação. Essas, somente encontram suporte nas estreitas limitações constitucionais de caráter cautelar, vinculando-se às exigências e necessidades processuais. Essa função de limitação do encarceramento cunha as prisões preventivas ou antecipadas com a marca da excepcionalidade (exceção da exceção) e da necessidade, confrontando-se a previsão legal[28] da prisão e das demais medidas de acautelamento, com outros princípios e garantias constitucionais vinculativos. A isso, inclusive, aplica-se a duração razoável do processo.[29] Nessa perspectiva, não encontra suporte constitucional a restrição da liberdade pela espécie e gravidade da imputação, em nome da defesa social e da credibilidade das instituições. Inclusive, a denominada *execução provisória* aos condenados a uma pena igual ou superior a 15 anos pelo Tribunal do Júri (art. 492, I, "e", CPP) não encontra fere de morte a presunção de inocência. O acautelamento processual, nos limites da Constituição, ou seja, vinculado ao caráter cautelar e à instrumentalidade processual é um dos efeitos da presunção de inocência, o qual foi consagrado na Lei 13.964/2019, ao dar nova redação ao art. 312, *caput*, do CPP: *perigo gerado pelo estado de liberdade do imputado*.

A constitucionalidade da prisão preventiva advém do art. 5º, LXI, da CF, mas quando encontrar base no justo processo, isto é, na observância dos preceitos convencionais, constitucionais e legais.[30] Portanto, a prisão processual, desde

27. Dados fornecidos pelo CNJ ao G1 (*g1.globo.com*), acesso em 05/02/2020.

28. V. art. 5º, LXI, da CF sobre a prisão em flagrante e por ordem escrita e fundamentada de autoridade judiciária competente. Em Giacomolli, Nereu José. *Legalidade, Oportunidade e Consenso no Processo Penal, na Perspectiva das Garantias Constitucionais*. Porto Alegre: Livraria do Advogado, 2006, p. 47 a 58, se pode ver um amplo estudo sobre o conceito, fundamentos e efeitos do princípio da legalidade no âmbito do processo penal.

29. V. Badaró, Gustavo Henrique e Lopes Jr. Aury. *Direito a um Processo Penal no Prazo Razoável*. RJ: Lumen Juris, 2009, p. 13 e ss., sobre a duração razoável do processo. V., também, MORAES, Maurício Zanoide de. *Presunção de inocência no processo penal brasileiro*. Rio de Janeiro: Lumen Juris, 2010, p. 360 e ss., sobre o âmbito de proteção da presunção de inocência, como norma de orientação legislativa e judiciária (*favor rei, in dubio pro reo*), inclusive no que tange às medidas coercitivas no processo penal.

30. V. Carvalho, Luiz Gustavo Grandinetti Castanho. *Processo penal e constituição*. Rio de

que atenda a todos os requisitos, não afeta o estado de inocência. Este, na perspectiva do STF, se constitui em *um princípio cardeal do processo penal, em um Estado Democrático de Direito*, uma *conquista da humanidade*. Por outro lado, veda *a imposição de restrições ao direito do acusado antes do final processo, exigindo apenas que essas sejam necessárias e que não sejam prodigalizadas*, ademais de não se erigir em *véu inibidor da apreensão da realidade pelo juiz, ou mais especificamente do conhecimento dos fatos do processo e da valoração das provas, ainda que em cognição sumária e provisória* (HC 105.122, rel. Min. Rosa Weber, de 2013).

Portanto, a presunção de inocência situa o recolhimento ao cárcere, antes do trânsito em julgado de uma sentença penal condenatória, como a última medida processual a ser adotada, sob pena de representar uma execução antecipada de uma sanção criminal ainda não delimitada definitivamente. Antes da prisão preventiva, se exige a análise da possibilidade da liberdade provisória e, num segundo momento, a aplicação de outras medidas cautelares previstas em lei, as quais comportam uma análise individualizada (art. 282, § 6º, CPP). A prisão preventiva representa não mais a primeira alternativa, mas a última: liberdade plena, liberdade provisória, cautelares alternativas e prisão preventiva.

4. Reserva de lei

O princípio da legalidade em matéria de Direito Penal não é um postulado típico do Direito Romano, na medida em que foi alheio à época do império e ao direito de Justiniano, com sua *Crimina Extraordinaria* e conceitos amplos, quase indeterminados. Tampouco, corresponde ao Direito Romano da vontade, aplicado aos *delicta publicae* e não fazia distinção alguma ao *iter criminis*, isto é, mantidas as proporções delimitadoras dos conceitos, nenhuma classe de tipicidade.[31] No período medieval do Direito Romano, embora estivesse prevista certa medida de retroatividade, era absolutamente usual e normal castigar-se de acordo com os costumes, além de imperar o arbítrio judicial.[32]

O Direito Germânico antigo também desconhecia o princípio da reserva de lei, pois se aproximava mais ao Direito Penal do fato que do Direito Romano da vontade, pois aquele sempre aspirou a tipos precisos e claros, apesar de admitir o direito consuetudinário como fonte sancionadora, já que não existiam os

janeiro: Lumen Juris, 2009, p. 163 e ss., uma compreensão apurada acerca do princípio da presunção de inocência, na perspectiva das modalidades de prisão. Segundo a Súmula 9 do STJ, a exigência da prisão preventiva para apelar, não ofende a garantia constitucional da presunção de inocência.

31. Em Welzel, Hans- Heinrich. *Derecho Penal, Parte General*. Buenos Aires: Depalma, 1956, p.26.

32. Em Roxin, Claus. *Derecho Penal, Parte General*. Madri: Civitas, 1999, p. 141.

pressupostos do princípio da legalidade estatal. Isso também vale para a Carta Magna de 1215, apesar das opiniões contrárias.[33]

A primeira formulação do princípio da legalidade não se encontra na Magna Carta, a qual abarcava a origem da denominada *rule of law* (garantia jurisdicional), própria do Direito Anglo-saxão, mas num sentido diferente do princípio de legalidade penal do sistema continental (predomínio da lei sobre o órgão judicial). No sistema anglo-saxão, a *lei da terra*, fundada no Direito natural e aplicada pelos juízes ordinários, chegou a predominar sobre as leis criadas pelo Parlamento. As Constituições Americanas, citadas como exemplo de consagração das garantias dos indivíduos, admitiam os costumes e a analogia como fonte. de Direito Penal. Além do mais, o mesmo Direito Anglo-saxão permitiu os julgamentos dos crimes de guerra praticados na época nazista, sepultando a proibição dos costumes e da irretroatividade das regras penais incriminadoras. As primeiras manifestações positivas do princípio da legalidade penal apareceram com a Revolução Francesa.[34]

A *Constitutio Criminalis* de Carlos V (1532) também conhecida como *Constituição Carolina*, obrigou os órgãos judiciais a atuarem conforme determinava a lei, como princípio. Entretanto, admitiu igualmente, embora com certa cautela, uma punição extralegal, de acordo com os *bons costumes*. Além disso, permitiu a aplicação analógica a *casos penais inominados*. Todavia, essa limitada vinculação legal foi suprimida nos séculos XVI-XVIII, sobretudo com a admissão dos *Crimina Extraordinaria*, com a permissão de aplicar-se uma sanção penal sem lei, por iniciativa judicial.[35]

A origem histórica e política do princípio da legalidade está nos ideais da Revolução Francesa, onde triunfou o liberalismo político, época do denominado *movimento ilustrado*, como medida para enfrentar e limitar o absolutismo. Os novos ideais da Revolução Francesa pregavam a necessidade da substituição da vontade individual do soberano e dos julgadores por uma vontade geral, a qual deveria estar contida em uma disposição normativa emanada do Poder Legislativo, com reconhecida legitimidade popular, vinculada aos poderes legais. Estes enfatizavam não poder mais ser o cidadão um mero instrumento do poder, ou sujeito passivo do absolutismo monárquico, mas sim um partícipe e controlador desse poder, com direitos a certas garantias, como a de ser submetido ao império da vontade popular e não à vontade particular dos detentores do poder. Ainda, como fundamento de um ideal democrático, as funções ou atribuições deveriam ser distribuídas entre os diversos órgãos do Estado.

---

33. Em Mir Puig, Santiago, *Derecho Penal, Parte General*. Barcelona: PPU, 1999, p. 75.

34. Em Cuello Contreras, Joaquín, *El Derecho Penal Español, Curso de Iniciación, Parte General*. Madri: Civitas, 1996, p. 146 e 147.

35. V. Roxin, Claus. *Derecho Penal, Parte General*. Madri: Civitas, 1999, p. 141.

Insofismavelmente, todas essas garantias eram, em sua essência, garantias formais, pois não se questionava o conteúdo substancial do Direito Penal, sua função e seus fins.[36] Mesmo assim, já se deixava assentado que os demais poderes, Executivo, Judiciário, não poderiam estabelecer preceitos ou sanções criminais, sob pena de desvirtuar o pacto social e a divisão das funções entre os diversos poderes. Assim, a origem política do princípio da legalidade se vincula ao contrato social e assenta as suas raízes na ideia de uma razão que harmonize todas as pessoas, na exclusão da arbitrariedade estatal, na inviolabilidade da liberdade de toda pessoa, e na exigência de segurança e certeza do direito.[37]

O pensamento ilustrado pode ser sintetizado como uma necessidade do *governo das leis* frente ao *governo dos homens*, a preponderância da razão, da representação popular e das normas. Para ser racional, uma normatização das relações sociais tem que se afastar dos caprichos da vontade individual; tem que ser igual para todos: tem que ter sua origem na vontade geral e ser, finalmente, clara e compreensível aos destinatários. As normas racionais são as que têm legitimidade na sociedade inteira e não as de um déspota (origem), as que reconhecem o mesmo grau de liberdade a todos os cidadãos (conteúdo) e são entendíveis a todos, escritas, exaustivas e taxativas (forma). Do impossível monopólio das leis se passou, nesse mesmo período, a seu primado e império.[38]

Por isso, a garantia política do princípio da legalidade informa que todo cidadão não será submetido, por parte dos poderes do Estado, a crimes, penas e restrições ao direito de ir e vir (prisão preventiva e outras medidas cautelares) que não tenham suporte nas leis que integram o ordenamento jurídico.

Na esfera internacional, o princípio da reserva legal está expressamente reconhecido na Declaração Universal dos Direitos Humanos de 1948, no Convênio Europeu para a Proteção dos Direitos Humanos de 1950 e no Pacto Internacional dos Direitos Civis e Políticos de 1966. Especificamente sobre a prisão, a Convenção Americana de Direitos Humanos, consagra a previsão da prisão às hipóteses previstas na Constituição Federal e nas leis.[39] Em 14/12/1990, a Resolução 45/110 da Assembleia Geral da ONU (*Regras de Tóquio*) estabeleceu que as medidas não privativas de liberdade devem estar previstas em lei, e que o poder discricionário é exercido pela autoridade judiciária ou outra autoridade

---

36. Em García-Pablos De Molina, Antonio. *Derecho Penal, Introducción*. Madri: UCM, 2000, p. 320 e 321.

37. Em Jescheck, Hans-Heinrich. *Tratado de Derecho Penal*. Granada: Comares, 1993, p.117.

38. Em Vives Antón, Tomás. *Derecho Penal, Parte General*. Valência: Tirant lo Blanch, 1999, p.68.

39. Art. 7º.2: *ninguém pode ser privado de sua liberdade física, salvo pelas causas e nas condições previamente fixadas pelas constituições políticas dos Estados-Partes ou pelas leis de acordo com elas promulgadas.*

independente, competente em todas as fases do processo, assegurando-se a plena responsabilidade, de acordo com as normas legais.[40] Assim, não pode ser aplicada uma medida cautelar criminal não prevista em lei. Desse modo, mesmo em sua concepção formal, a reserva legal exige um limitador na intervenção estatal e evita a incidência arbitrária e incalculável desta, ou seja, é uma garantia do cidadão. Com isso, resta afastado da esfera criminal o denominado poder geral de cautela.[41]

A essência, ou o significado material da reserva legal está na própria evolução histórica do princípio, isto é, se vincula à limitação do exercício do poder (inclusive da potestade punitiva), à divisão das funções públicas entre os poderes do Estado, ao pacto social que sustenta politicamente a convivência humana, e à soberania popular, legitimadora das normas penais. O poder de criar, de aplicar e de executar as leis criminais está limitado pelas disposições normativas criadas pelo Poder Legislativo, quem detém a legitimidade popular para dizer quais são os crimes que comportam a prisão preventiva e quais as medidas cautelares aplicáveis, além da constrição da liberdade. Assim, a essência da reserva legal está na legitimidade e na legitimação do exercício do poder de elencar as medidas cautelares e de aplicá-las na perspectiva das exigências acautelatórias.

O critério material é fundamental para garantir que os limites da liberdade dos indivíduos sejam os mesmos, e se apliquem a todos, sem exceção, e que, ao mesmo tempo se determinem, com precisão, tanto aos cidadãos, quanto às instituições. Ainda, nesse critério essencial se concentram as expectativas de que tanto o sistema como a aplicação da justiça penal sejam transparentes, controláveis e sinceros.[42] Dito de outro modo, o sentido material do princípio da legalidade informa que somente o Poder Legislativo é competente para estabelecer quais as hipóteses em que a liberdade pode ser restringida pela prisão ou por outras medidas cautelares, por meio de um processo legislativo constitucional (art. 59, CF).

A natureza constitucional do princípio da legalidade, informador do Estado de Direito, serve de norte a toda atividade dos operadores jurídicos, dentro do espírito das normas superiores da Constituição. A transparência no processo de criação das medidas restritivas da liberdade, em sua aplicação e em sua execução, conduz a um ordenamento jurídico confiável aos cidadãos, livre de conveniências subjetivas e de concepções meramente formais.

---

40. V. Serrano Pascual, Mariano. *Las Formas Sustitutivas en el Derecho Penal Español*. Madri: Trivium, 1999, p. 109 a 116.

41. V. Santos, Marcos Paulo Dutra. *O novo processo penal cautelar*. Salvador: JusPodium, 2011.

42. Em Hassemer, Winfried. *Persona, Mundo y Responsabilidad, Bases para una Teoria de la Imputación en el Derecho Penal*. Valência: Tirant lo Blanch, 1999, p. 24 e 25.

A necessidade de limitação da potestade punitiva, como exigência do Estado de Direito fundamenta, do ponto de vista jurídico, a reserva legal. Essa se limita quando se evita que a aplicação de medidas restritivas da liberdade se circunscreva à esfera de manifestação volitiva casuística de alguma autoridade estatal. Os limites impostos ao exercício dos direitos fundamentais se estabelecem, se interpretam e se aplicam de forma estrita e, em todo caso, não devem ser mais intensos do necessário para proteger outros bens jurídicos ou direitos constitucionalmente assegurados. Essa limitação há de evitar sacrifícios desnecessários ou excessivos aos direitos, ser controlável por meio de uma motivação suficiente.

A adoção da reserva legal reflete uma série de implicações, tanto ao legislador, quanto aos magistrados, como garantia à cidadania. Essas transcendem o âmbito do Direito Penal substantivo, pois atingem o próprio processo penal, mais precisamente a vinculação da aplicação da lei penal unicamente por órgãos jurisdicionais estatais (art. 5º, LIII e LXI, CF).

Além dos efeitos de Direito Penal (fontes do Direito Penal, processo tipificador, individualização da pena), a reserva legal produz efeitos no âmbito do processo penal, não só na jurisdicionalidade. Unicamente através de um processo público, conduzido por um magistrado, com observância de todas as garantias ao processado, se pode emitir um juízo condenatório e sancionar criminalmente. A função de julgar e de medir a pena corresponde somente aos órgãos jurisdicionais do Estado, e não aos demais poderes, ou aos particulares. Também, não é qualquer magistrado que poderá julgar um acusado, senão o previamente determinado pela lei (não o *ad hoc*). Essa garantia jurisdicional não é subsidiária em relação às garantias de direito substantivo, mas possui uma relação necessária, com o escopo de tornar efetiva a proteção dos direitos fundamentais.

Segundo a reserva legal, no âmbito das cautelares, a prisão processual somente poderá ser decretada nas hipóteses e nos casos previstos pelo legislador, mediante decisão de um magistrado que detenha competência para o ato, de forma motivada e fundamentada. Portanto, o órgão julgador não poderá aplicar medidas restritivas da liberdade de forma plena ou parcial e nem outras medidas restritivas de direitos, além das previstas em lei (inexistência de poder cautelar geral). Assim, o rol de medidas cautelares é taxativo e não meramente exemplificativo. Isso porque a indeterminação afasta a garantia constitucional da reserva legal. A defesa de um sistema criminal cautelar aberto, difuso, indeterminado, ou com regras dependentes de uma normatividade integradora, ou de um regramento judicial, são características de um processo penal totalitário e essencialmente repressivo, inadmissível no atual estágio de desenvolvimento da civilização.

Outra importante consequência da reserva legal está na individualização da medida cautelar. Esta há de guardar relação com o crime praticado, com as circunstâncias do delito, com as peculiaridades do sujeito, em suma, considerando-se a finalidade buscada pela restrição (adequação), a menor ingerência possível na esfera dos direitos fundamentais do sujeito (necessidade) e uma reciprocidade razoável (proporcionalidade em sentido estrito).

As medidas cautelares diversas da prisão preventiva não se confundem com a possibilidade de outorga de provimentos tutelares atípicos, verificados na esfera cível (v. art. 139, IV, CPC).[43] No âmbito criminal, o art. 319 do CPP tipifica as medidas cautelares diversas da prisão. Portanto, em razão da legalidade, não há adequação constitucional de medidas cautelares diversas da previsão legal (CPP e leis especiais). O limite irrenunciável da invasividade penal é informado pela legalidade penal, uma garantia do imputado.

5. Contraditório

A estrutura do processo é eminentemente dialética, informada pelo contraditório, marca distintiva dos demais procedimentos. Essa estrutura, segundo Fazzalari, permite que cada sujeito possa exercitar um conjunto de escolhas, reações, controles e, ao mesmo tempo, seja passível de sofrer as reações e controles dos demais. Por isso, entende existir processo judicial onde há contraditório.[44] Este, por sua vez, juntamente com as condições de paridade e do Juiz imparcial, segundo Ferrua, constitui um dos valores primários de justiça.[45] A impossibilidade de um contraditório pleno, prévio ou concomitante à constrição leva a doutrina a situar as medidas cautelares no processo penal, fora da compreensão estrita de processo (medidas cautelares). Porém, isso não elimina as múltiplas formas de manifestação do contraditório, mesmo nas medidas cautelares, na medida em que seu conteúdo se dilui em uma série de garantias e direitos, na perspectiva de um espaço público argumentativo, advindo do art. 5º, LV, da CF. Assim, não se afasta, no âmbito das medidas cautelares, a participação dialética dos sujeitos interessados, numa perspectiva tríplice (juiz imparcial, autor, demandado) e tampouco se restringem as demais garantias que servem ao contraditório ou a ele se vinculam.

Há certas medidas cautelares cujo contraditório prévio impossibilitaria

---

43. Art. 139. *O juiz dirigirá o processo conforme as disposições deste Código, incumbindo-lhe: IV - determinar todas as medidas indutivas, coercitivas, mandamentais ou sub-rogatórias necessárias para assegurar o cumprimento de ordem judicial, inclusive nas ações que tenham por objeto prestação pecuniária*

44. Em Fazzalari, Elio. *Instituições de Direito Processual*. Campinas, Bookseller, 2006, p. 120 e 121.

45. Em Ferrua, Paolo. *Il Giusto Processo*. Bolonha: Zanichelli, 2007, p. 45.

ou reduziria a níveis insuportáveis a eficácia da decisão a ser tomada, motivo por que são emitidas *inaudita altera parte*. Em tais situações, se admite um contraditório diferido ou postergado, isto é, exercido após a medida. Porém, a dispensa do contraditório antecipado à decisão acerca da concessão ou não do provimento cautelar se situa no plano da excepcionalidade, isto é, quando incompatível com a exigência cautelar. Com o advento da Lei 13.964/ 2019, restou expresso ser o contraditório a regra (art. 282, § 3º, CPP), devendo o juiz motivar e fundamentar a sua impossibilidade, em face da urgência ou do perigo da ineficácia da medida, em fatos concretos idôneos, contemporâneos, constantes nos autos. Com isso, não se admite qualquer espécie de presunção. A parte contrária deverá ser intimada do pedido, para que se manifeste no prazo de cinco dias.

No rol das medidas cautelares pessoais, o pedido de prisão preventiva se situa, como regra, na incompatibilidade do contraditório prévio. Contudo, mesmo nesses casos, o juiz há de motivar e fundamentar a impossibilidade do contraditório, o qual não poderá ser descartado em todos os casos. Havendo um pedido de prisão, mesmo na audiência de custódia, há de ser propiciado o contraditório prévio. Várias medidas cautelares permitem a reação, mesmo antes de seu deferimento. Não só antes de decidir acerca do deferimento ou do indeferimento da medida cautelar se faz necessário o contraditório, mas igualmente nas hipóteses de substituição (art. 282, §§§ 4º, 5º e 6º, CPP), cumulação (art. 282, § 4º, CPP), revogação (arts. 282, § 5º e 316, CPP), descumprimento da cautelar imposta (art. 282, § 4º, CPP), bem como na concessão ou denegação da liberdade provisória (art. 310, §§ 1º e 2º, CPP). O contraditório também há de ser observado pelo juiz de garantias, uma vez implementado, nos termos do art. 3º-B, VI, do CPP, em audiência pública e oral. A ausência de contraditório antecipado evidenciará defeito somente sanável com a concessão da liberdade, em primeiro grau ou pelo órgão superior, via habeas corpus, inclusive *ex officio* (art. 654, § 2º, do CPP).

Com a implementação da audiência de custódia (arts. 3º-B, II e 310, CPP), potencializar-se-á não só o contraditório prévio, mas também o direito de o preso ser ouvido pela autoridade judiciária, ocasião em que poderá exercer a sua defesa pessoal, de modo que, ainda que tardiamente, o Brasil, a partir da Lei 13.964/2019 pretende comprimir o disposto no art. 9.3 do PIDCP[46] e o art. 7.5 da CADH.[47]

---

46. Art. 9.3 do PIDCP: *toda pessoa presa ou detida em virtude de infração penal deverá ser prontamente conduzida à presença de um juiz ou de outra autoridade habilitada.*

47. Art. 7.5 da CADH: *toda pessoa presa, detida ou retida deve ser conduzida, sem demora, à presença de um juiz.*

6. Provisionalidade ou situacionalidade: fatos novos, concretos ou contemporâneos

As medidas cautelares não representam uma antecipação da potestade punitiva, por se destinarem ao acautelamento do processo, à tutela da situação criminal particularizada, como ocorre com a prisão por conveniência da instrução criminal. Ademais, pretendem garantir a incidência da potestade punitiva, em sua incidência na garantia da aplicação da lei penal. Ainda, têm por escopo evitar o recolhimento ao cárcere, através de medidas restritivas de direitos (suspensão do exercício da função pública, por exemplo) ou condicionantes da própria liberdade (comparecimento em juízo, vedação de acesso a determinados lugares, proibições de ausentar-se da Comarca, recolhimento domiciliar, por exemplo).

O objeto da medida cautelar é a segurança do processo (pessoas, coisas, provas, por exemplo) e não a cognição acerca da imputação. A exigência cautelar se funda no binômio urgência/segurança, na perspectiva do direito fundamental que está em risco efetivo ou na iminência de sofrer um dano. Por isso, não calha a mera plausibilidade, presunções e nem a verossimilhança.

O substrato fático da prisão preventiva há de considerar, na concretude, *fatos novos ou contemporâneos que justifiquem a aplicação da medida*, sendo inidôneos as circunstâncias ou os fatos passados, bem como as presunções futuras, antes reclamados pela doutrina e por parte da jurisprudência, mas agora determinados pelo legislador na Lei 13.964/2019, nos arts. 312, § 2º e 315, § 1º, do CPP.[48] O substrato em fatos novos ou contemporâneos não é exigência somente da decretação da prisão preventiva ou de outras medidas cautelares, mas também na continuidade, modificação ou renovação (arts. 3º-C, § 2º, 282, §§§ 4º, 5º, 6º e 316, § único, CPP) das medidas cautelares.

Uma vez desaparecida a motivação fática que serviu de supedâneo à medida cautelar, essa perde a sua funcionalidade e o sujeito há de retomar o *status quo ante*, ou seja, o da irrestrita da liberdade. Esse controle, a partir da Lei 13.964/2019, há de ser efetivado a cada noventa dias (art. 316, parágrafo único, CPP), ocasião em que o magistrado deverá *revisar a necessidade de sua manutenção*. Por isso, as medidas cautelares são situacionais, sustentáveis en-

48. V. STF no HC 166.538, rel. Min. Marco Aurélio, *DJe* de 03/02/2020, que a contemporaneidade da prisão preventiva se relaciona com a data em que revelados a materialidade do crime e os indícios da autoria. Na QO no Inq. 1.258, da Corte Especial do STJ, rel. Min. Og Fernandes, *DJe* de 17/02/2020, se observa que a falta de contemporaneidade dos fatos imputados, ocorridos nos idos de 2017, serviram de supedâneo ao indeferimento de afastamento cautelar do imputado, de suas funções. No HC 534.320/SP, rel. Min. Reynaldo Soares da Fonseca, *DJe* de 10/02/2020, se pode ver que a continuação da influência do imputado sobre as áreas das licitações das prefeituras, a fuga e crimes da mesma natureza, praticados posteriormente, foram considerados na contemporaneidade para manter a prisão preventiva do imputado.

quanto a base fática continuar integrando a motivação legal. Ademais as medidas cautelares tutelam uma realidade existente, enquanto persistente e justificável, na perspectiva de uma dinamicidade processual.[49]

Nessa perspectiva, o magistrado poderá substituir a medida cautelar ou cumular outra a já aplicada, ademais de decretar a prisão preventiva. Isso nos casos de descumprimento (art. 282, § 4º, CPP). Quando desaparecerem as exigências de cautelaridade, esta deverá ser revogada. Contudo, persistindo a necessidade cautelar, mas não mais da adequação da medida imposta, poderá haver substituição da anterior.

A situação processual, em sua dinâmica (prática de atos, envolvimento de sujeitos, avanços em atividades e fases processuais) é mantida sob controle jurisdicional.

7. Duração razoável da medida cautelar: temporalidade[50]

Enquanto a provisionalidade se vincula à situação fática (*fatos novos ou contemporâneos*), a duração razoável guarda congruência com o fator tempo. Do art. 5º, LXXVIII, da CF se infere a exigência da razoabilidade do tempo de duração da prisão cautelar, embora, mesmo antes da Emenda Constitucional 45/2004 que incorporou esse inciso à CF, a duração razoável da prisão poderia ser inferida do princípio do devido processo legal (art. 5º, LIV, CF), situação também verificável, nessa perspectiva anterior à referida alteração, no art. 8.1 da CADH.[51]

Diferentemente da prisão temporária (Lei 7.960/89), cuja duração é de cinco dias, prorrogáveis por igual período, salvo nos hediondos (30 dias prorrogáveis por outros 30 dias - art. 2º, § 3º, Lei 8.072/90),[52] a prisão preventiva e as demais medidas cautelares pessoais, previstas no art. 319 do CPP, não possuem prazo legal limite pré-estabelecido, salvo a hipótese do término da investigação, conforme disposto no art. 3º-B, § 2º, do CPP (15 dias após esgotado o prazo

---

49. V. neste cap., item 10, acerca da vedação da decretação de medidas cautelares *ex officio*, em face da estrutura acusatória do processo penal.

50. Parte da doutrina utiliza o termo provisoriedade. No livro Prisão, liberdade e as cautelares alternativas ao cárcere, 2013, p. 33 foi usada a expressão *provisoriedade*. Contudo, a perda da liberdade enquanto o sujeito esteve encarcerado, é definitiva, e não provisória; não há como recuperá-la. Ademais, não ocorre substituição da decisão cautelar pelo provimento cognitivo definitivo. Poder-se-ia entender que a provisoriedade se refere aos efeitos da prisão, os quais persistem enquanto não houver outra decisão modificando-os. Não se trata de uma provisoriedade vinculativa ao resultado final, na medida em que isso a vincularia à antecipação da tutela penal material. As funcionalidades são diversas. A tutela cautelar não é, necessariamente, acessória do processo cognitivo.

51. Art. 8.1. *Toda pessoa tem direito a ser ouvida, com as devidas garantias e dentro de um prazo razoável, ...*

52. V. cap. VIII, item 4, acerca da prisão temporária.

ao término do inquérito policial).[53]Em tese, poderão estender-se até a sentença de primeiro grau, até a pronúncia do réu, ocasiões em que o magistrado deverá decidir acerca da manutenção das cautelares (apelação em liberdade) e, a partir da Lei. 13.964/2019, sobre a denominada *execução provisória* nas condenações a 15 anos ou mais, no Tribunal do Júri (art. 492, I, *e*, CPP),[54] após manifestação expressa das partes, em face da estrutura acusatória do processo.[55]

Há prazos à conclusão das investigações. Como regra, este é de dez dias quando o sujeito estiver preso ou trinta dias quando solto, nos termos do art. 10 do CPP. Porém, há outros prazos previstos em leis especiais. Na Justiça Federal, o art. 66 da Lei 5.010/1966 fixa o prazo de quinze dias, prorrogáveis por outros quinze, em se tratando de sujeito preso. A Lei 11.343/06 (Tóxicos) enuncia prazos diversos: trinta dias quando preso o sujeito ou noventa dias quando solto, possibilitando a sua duplicação, a requerimento da autoridade policial (isso também há de ser aplicado, analogicamente, ao requerimento do MP) ao magistrado. Também há disposição diferenciada na Lei 1.521/51(Crimes contra a economia popular): dez dias, independentemente de estar o sujeito preso ou solto. O prazo ao oferecimento da denúncia, em se tratando de imputado preso, é de cinco dias; se estiver solto é de quinze (art. 46, CPP). Nos procedimentos ordinário e sumário, também há prazo à designação de audiência, não sendo caso de absolvição sumária, de sessenta e trinta dias, respectivamente (arts. 400 e 531, CPP). No procedimento especial dos crimes dolosos contra a vida, o prazo ao término da primeira fase do processo (*judicium accusationis*) é de noventa dias (art. 412, CPP). A Lei 9.034/95 (utilização de meios operacionais para a prevenção e repressão de ações praticadas por organizações criminosas) fixava o prazo de 81 dias ao encerramento da instrução, em caso de réu preso, e de 120 dias para acusado solto. Isso fez com que houvesse alguma interpretação doutrinária e de alguns Tribunais, como sendo este o prazo máximo de duração da prisão processual, em todos os crimes. Contudo, a Lei 12.850/2013, em seu art. 22, parágrafo único, definiu como sendo razoável encerrar a instrução em até 120 dias, quando o acusado estiver preso, prorrogáveis por igual período, de forma motivada e fundamentada, considerando-se a complexidade da causa e a atuação da defesa (mora causada pela defesa). Considerando-se esse parâmetro da duração máxima da instrução em 240 dias e aplicando-se à prisão preventiva, poderia ser defendida a tese de que a duração máxima da prisão seria de oito meses, a contar do início da instrução. É um dos critérios que poderiam ser utilizados para definir a temporalidade da prisão preventiva.

---

53. Suspenso por liminar do STF, na ADI 6298, 6300 e 6305, até manifestação do plenário.

54. V. cap. VI, item 5.4, acerca da prisão advinda das condenações.

55. V. neste cap., item 10, acerca da vedação da decretação de medidas cautelares *ex officio*, em face da estrutura acusatória do processo penal.

Além da existência de incompatibilidade nos prazos, gerada por leis diversas, as quais se referem à mesma situação, como ocorre nos delitos de tráfico, nas organizações criminosas, a relativização do tempo encontra forte aceitação nas decisões dos Tribunais Superiores, em razão de várias circunstâncias: demora causada pela defesa, complexidade do caso penal, pluralidade de réus e de testemunhas, comportamento da defesa, expedição de cartas precatórias, em suma, cada caso concreto informará se houve ou não cumprimento da temporalidade razoável. Este não possui características de prazo fatal ou improrrogável, não se submetendo aos rigores da aritmética. Porém, as Súmulas 21[56] e 52[57] do STJ, após o advento do art. 5º, LXXVIII, da CF, comportam uma relativização hermenêutica, na perspectiva do término do processo e não de uma fase processual, bem como da inexistência de preclusão quando se tratar de violação de direitos fundamentais.

Esses prazos não se referem, diretamente, à duração da prisão preventiva e nem das outras medidas cautelares. Porém, interferem na análise da durabilidade dessas, na medida em que a prática dos atos processuais fora dos prazos previstos evidencia o constrangimento ilegal. Ademais das violações dos prazos estabelecidos à prática dos atos processuais, existem outras, como as decorrentes da demora no cumprimento das decisões e despachos dos magistrados, pelo setor administrativo dos cartórios e secretarias das respectivas unidades jurisdicionais (*prazos mortos*). Reclama-se uma pesquisa empírica para constatar essa situação e confrontá-la com a nova realidade digital, do processo eletrônico, da inteligência artificial e novas tecnologias.

Portanto, diante da inexistência de um prazo de duração da prisão preventiva e das demais medidas cautelares, há que ser observado o prazo previsto à prática dos atos processuais referentes ao réu preso, estabelecidos legalmente para cada situação processual.[58] O constrangimento ilegal há que ser verificado também na sua individualidade (cumprimento do prazo à prática do respectivo ato), na medida em que a linha do tempo não é igual para todos os investigados ou processados, em face da subjetividade e das circunstâncias específicas de cada sujeito. Portanto, na perspectiva de término do processo num prazo razoável e na temporalidade razoável da medida cautelar, devem ser consideradas as peculiaridades de cada caso penal. Por isso, há vários elementos a serem

---

56. *Pronunciado o réu, fica superada a alegação de constrangimento ilegal da prisão por excesso de prazo na instrução.*

57. *Encerrada a instrução criminal, fica superada a alegação de constrangimento por excesso de prazo.*

58. V. cap. VI, item 7, acerca da proposta de duração da prisão preventiva e sua revisão periódica. V. também cap. VII, item 5, sobre a duração das medidas cautelares diversas da prisão preventiva e a revisão periódica.

sopesados.[59] Dentre esses, podemos considerar a complexidade da causa[60] e as dificuldades instrutórias (necessidade de realização de complexas diligências probatórias, inclusive periciais), a média de duração dos processos que envolvem o mesmo delito (necessidade de estatística forense), a duração da pena privativa de liberdade para o crime imputado ao sujeito, bem como a previsão de provável pena em caso de condenação (evitar que o acusado permaneça preso preventivamente, em regime fechado, por tempo aproximativo do cumprimento da pena total). Também, é de considerar-se a situação penológica em caso de condenação (poderá ser concedido o *sursis* ou ser substituída a pena privativa de liberdade por outra), bem como a conduta processual das partes e do próprio Magistrado.[61] Um dos efeitos do descumprimento do prazo razoável (art. 5°, LXXVIII, CF),[62] nas hipóteses das medidas cautelares, é a revogação, com a concessão da liberdade, sem restrições.

A garantia da razoável duração do processo, a qual se aplica à individualidade do ato processual, já integrava o nosso ordenamento jurídico, em razão da CADH[63], subscrita pelo Brasil, e da garantia do devido processo legal (art. 5°, LIV, CF). Por referir-se a direitos humanos, a Convenção ocupa patamar superior às leis ordinárias, não possuindo equivalência às emendas constitucionais

---

59. Segundo CHIAVARIO, Mário. *Processo e Garanzie della Persona, II*. Milão, Giuffrè, 1984, p.346, no cálculo global da duração razoável dos prazos processuais há de influir uma avaliação equilibrada de vários elementos, entre os quais, de um lado, a maior ou menor complexidade da instrução de cada processo, junto com a maior ou menor diligência dos órgãos processuais. De outro lado, há de ser considerada a conduta do imputado, no que tange à dilação ou paralisação da atividade processual. Por sua vez, YACOBUCCI, Guillermo. *El sentido de los principios penales - su naturaleza y funciones en la argumentación penal*. Buenos Aires: Editorial Ábaco de Rodolfo Depalma, p. 355, considera na apuração da duração razoável: a) complejidad del litigio; b) los márgenes ordinarios de duración de los conflictos del mismo tipo; c) el interés que en pleito arriesga el demandante del amparo; d) su conducta procesal y la conducta de las autoridades. V. Também LOPES Jr., Aury e BADARÓ, Gustavo Henrique. *Direito ao Processo Penal no Prazo Razoável*, 2009, p. 121 a 130, quando apontam diversas soluções compensatórias de natureza penal: detração, diminuição da pena, perdão judicial, e também efeitos processuais, tais como o arquivamento, a declaração de nulidade dos atos praticados após o marco de duração legítima, e a extinção do feito.

60. No *CASO WEMBOFF*, a Corte Europeia considerou a complexidade do processo para avaliar a duração razoável da prisão. Assinalou que, ao mesmo tempo em que um acusado preso possui o direito de ver o seu caso julgado com celeridade e prioritariamente, isto não deve prejudicar a apuração completa dos fatos e o fornecimento às partes de todos os meios para apresentarem as provas e suas razões, bem como uma decisão após a devida reflexão. Concluiu que uma duração excepcional da prisão preventiva pode encontrar justificativa na complexidade do processo, cujo retardo não seja possível evitar.

61. No *CASO MATZENETTER*, a Corte Europeia considerou o modo como o juiz conduziu o processo, especialmente os intervalos entre os interrogatórios, para verificar a duração razoável do processo.

62. *A todos, no âmbito judicial e administrativo, são assegurados a razoável duração do processo e os meios que garantam a celeridade de sua tramitação.*

63. Art. 8.1. *Toda pessoa tem direito a ser ouvida com as devidas garantias e dentro de um prazo razoável...*

por não ter sido aprovada pelo *quorum* qualificado (art. 5º, §§ 3º e 4º, CF). Porém, com o advento da emenda constitucional 45/2004, passou a ser uma garantia constitucional explícita.

A Lei 13.964/2019, no art. 3º-B, § 2º[64], estabeleceu o prazo de duração máxima da prisão, durante a investigação criminal, em 15 dias, após ter sido esgotado o prazo à conclusão do inquérito policial. Contudo, silencia quanto à sua temporalidade durante à instrução processual e no desenvolvimento do processo de cognição, incluída a fase recursal ordinária e extraordinária (STJ e STF). A necessidade revisional da prisão preventiva a cada 90 dias (art. 316, parágrafo segundo, CPP), pode ser considerada um avanço no controle da necessidade, temporalidade e contemporaneidade da constrição pessoal. Contudo, ainda não foi estabelecido um prazo máximo de duração da prisão preventiva e das demais cautelares. A necessidade de revisão periódica há de ser aplicada a todas as medidas cautelares, em face da garantia constitucional da razoável duração.

8. Proporcionalidade

A proporcionalidade possui entidade constitucional implícita, pois decorre da estruturação do Brasil em Estado Democrático de Direito (*Rechtsstaat*) e da fundamentação da República na dignidade da pessoa humana (art. 1º, *caput* e III, CF), bem como da essência dos direitos e das garantias fundamentais preconizadas na Carta Constitucional da República.[65] Também pode ser inferido do *substantive due processo of Law*, contido no art. 5º, LIV, da CF (*ninguém será privado da liberdade ou de seus bens sem o devido processo legal*), cuja concepção possui a função de barrar a edição e aplicação de regras arbitrárias ou despidas de razoabilidade, salvaguardando os direitos e as liberdades frente a comandos opressivos e carentes de razoabilidade. Por isso há que ser identificado, em cada situação penal concretizada,[66] um verdadeiro coeficiente de razoabilidade.[67] Trata-se, pois, também, de um princípio (contém exigências) processual constitucionalizado, cuja valoração incide sobre determinado caso criminal (princípio da concordância prática de Hesse), no momento da prestação jurisdicional (exercício ponderado do poder, sem arbitrariedades). No caso das medidas cautelares, interfere no momento em que o magistrado, diante da

---

64. Suspenso por liminar do STF, na ADI 6298, 6300 e 6305, até manifestação do plenário.

65. V. González-Cuellar Serrano, Nicolás. *Proporcionalidad y Derechos Fundamentales en el Proceso Penal.* Madrid: Colex, 1990, p. 21 e ss.

66. V. Ávila, Humberto. *Teoria dos princípios da definição à aplicação dos princípios jurídicos.* São Paulo: Malheiros, 2009, p. 163 e ss., acerca da vinculação do princípio da proporcionalidade ao resultado concreto a ser verificado.

67. V., Mendes, Gilmar. *Direitos fundamentais e controle de constitucionalidade: estudos de direito constitucional.* São Paulo: Saraiva, 2004, p. 65.

situação criminal posta, fizer a opção entre imposição, manutenção, conversão ou substituição de determinada medida cautelar e a liberdade do indivíduo.

Por ser princípio, serve de horizonte de sentido e contém exigências que, *prima facie*, devem ser realizadas, diferentemente das regras, as quais contêm fixações normativas definitivas (Canotilho). Sua funcionalidade, no plano concreto, veda a intervenção arbitrária e excessiva do Estado-Juiz (*übermassverbot*), compatibilizando-se com as exigências de cumprimento das regras processuais pelo Estado, em face da necessidade do processo e da obrigatoriedade de proferir uma decisão e que esta seja cumprida, efetiva (eficácia da persecução, do processo e da sentença). O grau de maturidade do Estado Democrático de Direito (art. 1º, CF) se mede, também, pela aplicação e cumprimento das regras estabelecidas no ordenamento jurídico.

A exigência de proporcionalidade vem desde Montesquieu (*Cartas Persas e O Espírito das Leis*) e de Beccaria (*Dos Delitos e das Penas*), os quais pregavam a necessária proporcionalidade entre os delitos e as penas. A exigência de proporcionalidade entre crime e pena também consta no art. 8º da Declaração dos Direitos do Homem de 1789. No direito administrativo, ingressa como fator limitador da arbitrariedade da administração pública, mormente do direito de polícia (Braibant e Enterría). A estrita vinculação das regras de Processo Penal à Constituição Federal e a positivação dos Direitos Humanos direcionaram o princípio da proporcionalidade também ao âmbito do Processo Penal. O art. 282, I e II, do CPP, expressamente, determina a observância da necessidade e da adequação nas medidas cautelares.

O princípio da proporcionalidade, em sua constituição global, não se reduz à reciprocidade razoável (proporcionalidade em sentido estrito), mas, antes dessa, incorpora outros dois filtros a serem ultrapassados: adequação e necessidade.

No caso específico das medidas cautelares, primeiramente se analisa a possibilidade de o sujeito permanecer em liberdade plena, sem nenhuma restrição. Quando presente a exigência cautelar, se verifica se a restrição advinda da cautelar (recolhimento ao cárcere ou art. 319 do CPP) atinge a finalidade buscada pela medida e se a espécie de cautelar se reveste de idoneidade para atingir o resultado desejado (*geeignetheit* – adequação). Portanto, se labora na perspectiva da congruência entre meios e fins a ela subjacentes, qualitativa (prisão por conveniência da instrução criminal, por exemplo) e quantitativamente (duração da cautelar, uma ou mais medidas cautelares alternativas, por exemplo). Segundo o art. 282, I, do CPP, é de ser considerada a adequação da medida à gravidade do crime, circunstâncias do fato e condições pessoais do sujeito.[68] A gravidade

---

68. Com isso, o encarceramento através da prisão preventiva insere-se num último plano, aos crimes mais graves (delito, pena e consequências), quando as circunstâncias da prática do delito

do delito há de ser entendida, para que atinja as suas finalidades, não somente na perspectiva da espécie de pena cominada ou da espécie de crime, mas sob o prisma das consequências produzidas. Há que ser respondido: a) a medida cautelar eleita é o meio idôneo, adequado e conforme para atingir o resultado pretendido? (perspectiva qualitativa - espécie de medida); b) o tempo de duração da cautelar aplicada ou sua acumulação é adequada à finalidade desejada? (perspectiva quantitativa); c) a medida cautelar atende ao critério da conformidade ao sujeito passivo da medida? (individualização). A primeira individualização ocorre no plano legislativo, genérico, abstrato, quando são estipuladas as medidas cautelares, seus pressupostos, requisitos e espécies. Em um segundo momento, em razão da situação fática e das exigências de cautela, ocorre a individualização. Nessa, também interfere o sujeito a ser constrangido pela medida, motivo por que há uma verdadeira individualização cautelar. Ainda. Em um terceiro momento, no plano da execução, poderá haver substituição da cautelar ou agregação de outra medida, em razão de circunstâncias supervenientes, mas sempre vinculadas ao sujeito e à contemporaneidade.

Numa segunda etapa, se busca a menor ingerência possível da cautelar eleita, no direito fundamental da liberdade (*erforderlichkeit - exigibilidade*), a necessidade (intervenção mínima, alternativa menos onerosa, subsidiariedade), a utilização do meio menos restritivo, mas também idôneo e contemporâneo.[69] Há que ser respondido: a medida cautelar escolhida é a que produz a menor restrição aos direitos fundamentais do sujeito? Há outra medida cautelar, dentre as previstas legalmente, menos gravosa da escolhida no caso concreto, com entidade suficiente para atingir o mesmo objetivo? Na dicção do CPP, necessidade para aplicação da lei penal, para a investigação ou instrução criminal e, nos casos expressamente previstos em lei, para evitar a prática de infrações criminais (art. 282, I, CPP).[70]

Vencidos os filtros da adequação e da exigibilidade, comporta análise a proporcionalidade em sentido estrito, ou seja, a reciprocidade razoável, a ponderação entre a restrição a direito fundamental e a exigência cautelar, como uma verdadeira *justa medida*. Segundo esta, restam excluídos as medidas cautelares excessivas para atingir o fim pretendido. A inversão da abordagem ou a restrição do princípio da proporcionalidade ao seu sentido estrito poderá levar à supressão ou ao nivelamento de direitos fundamentais. Nessa última etapa

revelarem a adequação do recolhimento ou quando as condições pessoais do sujeito indicarem o encarceramento.

69. V. Gomes Canotilho, José Joaquim. *Direito Constitucional e Teoria da Constituição*. Coimbra, Almedina, 2003, p. 270, quando refere que a exigibilidade também é referida como princípio da necessidade ou da menor ingerência possível.

70. A reiteração criminosa não está expressamente prevista em lei, embora haja entendimento que serve de suporte fático à decretação da prisão preventiva como garantia da aplicação da lei penal.

da testagem há que se verificar se a restrição imposta ao direito de liberdade mantém congruência com a amplitude do interesse processual salvaguardado. Certamente, em cada caso concreto há que ser respondida a seguinte pergunta para testar a proporcionalidade: qual a medida adequada, necessária e menos gravosa ao caso? Mesmo sendo adequada e necessária, a medida cautelar se ajusta ao resultado que se pretende? Também, poder-se-ia indagar: a cautelar aplicada é aceitável?

Insofismavelmente, a medida cautelar aplicada requer adequação e exigibilidade ou ser necessária para atingir o fim proposto. Ademais, o direito fundamental de liberdade não pode ser restringido além do inevitável à proteção dos interesses gerais.[71] Portanto, a limitação do direito fundamental da liberdade se condiciona à congruência entre o dano e/ou prejuízo produzido à restrição cautelar, bem como aos benefícios aportados pela constrição (vantagens), dentro de certo grau de aceitabilidade. Não se pode interromper a relação entre meios e fins, a concepção da menor ingerência possível ao direito de liberdade, com o meio menos gravoso, nos limites inevitáveis para proteger interesses gerais, e para atingir a finalidade cautelar e não de antecipação da pena. A perspectiva do porvir situa-se na perspectiva horizontalizada do processo penal, em detrimento da exclusividade verticalizada, impregnada de pura coatividade.

9. A prisão como última e *extrema ratio*

A estruturação da República em um Estado Democrático de Direito (art. 1°, CF),[72] a fundamentação da ordem jurídica na dignidade da pessoa humana (art. 1°, III, CF) e o elenco dos direitos e garantias fundamentais situam, definitivamente, a prisão antes do trânsito em julgado de uma sentença penal condenatória, como uma medida excepcionalíssima. Ademais afastam a concepção totalitária da obrigatoriedade da prisão e do recolhimento ao cárcere como antecipação da tutela penal material.

A excepcionalidade da restrição da liberdade antes de uma sentença penal com trânsito em julgado advém do art. 5°, LVIII, da CF. A regra é o recolhimento ao cárcere após o trânsito em julgado de uma sentença penal condenatória, nas hipóteses em que não for possível substituir a pena privativa de liberdade por penas restritivas de direito ou suspender a sua execução (*sursis*).

---

71. V. Gomes Filho, Antônio. "Medidas cautelares e princípios constitucionais", em *Medidas Cautelares no Processo Penal, prisões e suas alternativas* (Og Fernandes, organizador). São Paulo, RT, p. 25 e ss.; Pedraz Penalva, Ernesto. *Derecho Procesal Penal. Tomo I.* Madri: Colex, 2000, p. 152.

72. Em Larenz, Karl. *Derecho Justo, Fundamentos de Ética Jurídica.* Madri: Civitas, 1985, p. 152 a 158, pode-se ver as concepções de *Estado de Direito.*

O legislador ordinário, expressamente situou a prisão preventiva como a última das alternativas cautelares. A lei há de ser cumprida, também em favor do imputado. O art. 282, § 6º, do CPP é de uma clareza singular: *a prisão preventiva somente será determinada quando não for cabível a sua substituição por outra medida cautelar, observado o art. 319 deste Código...* Ademais, com a nova redação dada ao parágrafo sexto, supra referido, o magistrado há de motivar e fundamentar, justificada e racionalmente, em fatos concretos dos autos, o motivo por que não está aplicando cada medida alternativa ao cárcere, constante no art. 319 do CPP. Descumprida a determinação legal, a prisão passa a produzir constrangimento ilegal, em face de sua ilegalidade.

A atual redação do art. 282, § 4º, do CPP, afasta qualquer dúvida acerca da última *ratio* do encarceramento preventivo, ao preconizar que, na hipótese de descumprimento das medidas cautelares, o juiz, a requerimento das partes, poderá *substituir a medida, impor outra em cumulação, ou, em último caso, decretar a prisão preventiva....* Portanto, indubitavelmente, o recolhimento preventivo ao cárcere é a última medida cautelar a ser aplicada.

O reconhecimento pelo legislador ordinário da excepcionalidade da prisão processual também se infere do art. 310, II, do CPP. Ao receber o auto de prisão em flagrante, o juiz deverá: a) relaxar a prisão, quando esta for ilegal, restituindo a liberdade ao flagrado (primeira opção); b) conceder a liberdade provisória, sem fiança (segunda opção); c) conceder a liberdade provisória mediante termo de compromisso, quando o flagrado tiver cometido o delito nas condições do art. 23 do CP (terceira opção); d) conceder a liberdade provisória, com fiança (quarta opção); e) aplicar uma medida cautelar diversa do recolhimento ao cárcere, nos moldes do art. 319 do CPP (quinta opção) e, por último, decretar a prisão preventiva, nos termos dos arts. 282, § 4º e 310, II, *in fine*, CPP (sexta opção). Está expresso no art. 310, II, do CPP:[73] *...presentes os requisitos constantes do art. 312 deste Código, e se revelarem inadequadas ou insuficientes as medidas cautelares diversas da prisão*".

Decretar a prisão preventiva para depois serem buscadas alternativas, mantém a prisão preventiva, o recolhimento ao cárcere como *prima ratio*, contrariamente ao prescrito nos Diplomas Internacionais, na CF e nas Leis Ordi-

---

73. V. neste cap. item 10. O art. 310, II, do CPP, não alterado expressamente pela Lei 13.964/2019 autoriza a conversão a conversão da prisão em flagrante em prisão preventiva. Contudo, este dispositivo há de ser interpretado conforme a CF e a própria normatividade ordinária, em face do art. 282, § 2º, CPP; *as medidas cautelares serão decretadas pelo juiz a requerimento das partes ou, quando no curso da investigação criminal, por representação da autoridade policial ou mediante requerimento do Ministério Público.* A representação pela prisão preventiva não pode ser presumida e nem resulta implícita, como ocorre na representação pela instauração de inquérito policial ou como condição ao exercício da ação processual penal.

nárias. Depois de verificado que não é o caso de manter o sujeito em liberdade sem nenhuma restrição (primeira opção), há que ser averiguada a adequação e a necessidade das medidas cautelares alternativas ao recolhimento ao cárcere (segunda opção). Somente quando nenhuma dessas for viável ao caso concreto é que resta a hipótese de decretação da prisão processual (terceira opção). Ademais, não sendo o caso de liberdade sem restrições, não se descarta a substituição da prisão preventiva pela prisão domiciliar, n do art. 318 do CPP.[74] Em cada situação concretizada é de ser analisada a possibilidade de ser aplicada a prisão domiciliar, não como uma hipótese remota, mas factível e real.

Isso não se aplica somente à prisão preventiva propriamente dita, mas também ao recolhimento do acusado após a pronúncia (art. 413, § 3°, CPP)[75] e à sentença penal condenatória (387, § 1°, CPP).[76] Pronunciado o réu, o juiz decidirá sobre a liberdade. O imputado poderá ser solto ou permanecer em liberdade (primeira opção), sofrer restrições cautelares diversas do recolhimento ao cárcere, nos termos do art. 319 do CPP (segunda opção) e, por último (quarta opção), ser recolhido ao cárcere, com manutenção (se já estiver preso) ou decretação da prisão preventiva (caso esteja solto), devendo haver manifestação expressa do Ministério Público acerca disso (art. 282, § 2°, CPP). Igualmente, há que ser averiguada a possibilidade de ser concedida a prisão domiciliar, não sendo o caso de liberdade plena (art. 318, CPP). A mesma escalada piramidal, com suas variações, se aplica quando o Juiz proferir um veredicto penal condenatório.

O recolhimento preventivo ao cárcere como antecipação da tutela penal material se insere na funcionalidade espúria da cautelaridade, na medida em que antecipa uma futura pena, paralisa a defesa,[77] força a barganha penal e a confissão, em troca de prêmio. O art. 313, § 2°, do CPP, incluído pela Lei 13.964/2019, expressamente afasta a finalidade de antecipação de cumprimento de pena, para que o preso seja investigado ou a denúncia seja recebida.

---

74. V. cap. VI, item 8, acerca da prisão domiciliar.

75. Art. 413, § 3°. *O juiz decidirá, motivadamente, no caso de manutenção, revogação ou substituição da prisão ou medida restritiva de liberdade anteriormente decretada e, tratando-se de acusado solto, sobre a necessidade da decretação da prisão ou imposição de quaisquer das medidas previstas no Título IX do Livro I deste Código*. Aqui também a interpretação há de ser adequada ao art. 282, § 2°, do CPP, introduzido pela Lei 13.964/2019. V. cap. VI, item 5.2, aceca da prisão quando da decisão de pronúncia.

76. Art. 387. *O juiz, ao proferir a sentença condenatória: § 1° O juiz decidirá, fundamentadamente, sobre a manutenção ou, se for o caso, imposição de prisão preventiva ou de outra medida cautelar, sem prejuízo do conhecimento da apelação que vier a ser interposta*. A interpretação há de ser adequada ao art. 282, § 2°, do CPP, introduzido pela Lei 13.964/2019.

77. Em Schünemann, Bernd (Luís Greco, coordenador). *Estudos de direito penal, direito processual penal e filosofia do direito*. Madri: Marcial Pons, 2013, p. 275 e 280.

10. Estrutura acusatória: vedação da imposição de medidas cautelares *ex officio* pelos magistrados

Da CF emana um modelo de processo penal assentado em garantias, princípios e postulados de um Estado Democrático de Direito (art. 1º, *caput*, CF). É o nosso modelo republicano e constitucional de processo penal, fundado na dignidade da pessoa (art. 1º, III, CF), no respeito aos direitos e às garantias fundamentais (art. 5º, CF), inclusive convencionais (art. 5º, §§ 2º e 3º, CF). Nessa senda, o magistrado é o sujeito que irá decidir, após a iniciativa dos legitimados a provocarem a incidência da jurisdição, mantendo-se afastado das expectativas e perspectivas de agentes de investigação, das partes ou dos demais sujeitos processuais. O interesse em acautelar o processo ou de garantir a incidência da potestade punitiva é do Estado-Acusador, daquele que está no polo acusador e não de quem irá julgar (exigência de imparcialidade). Aliado a isso, o art. 129, I, da CF atribui ao Ministério Público a promoção, privativamente, da ação penal pública. Portanto, no âmbito Criminal, a oficialidade estatal se distribui entre os sujeitos (magistrados, promotores, defensores, investigadores).

Com a afirmação de uma acusação em juízo, desencadeadora do procedimento em contraditório, se verifica a dinamicidade da ação processual penal, em seus vários desdobramentos, inclusive recursal, no interior do processo. O acautelamento do processo e da incidência da potestade punitiva, ao final, é do Estado-Acusador e não do Estado-Juiz e nem do Estado-Defensor (defensoria pública). Por isso, uma leitura constitucional e convencional do processo penal afasta a possibilidade de o juiz decretar a prisão preventiva ou qualquer medida cautelar de ofício. Ou seja, faz-se mister a representação da autoridade policial ou o requerimento das partes, Ministério Público, querelante e assistente da acusação.

O legislador, através da Lei 13.964/2019, vedou que juízes e Tribunais continuassem decretando medidas cautelares *ex officio*, inclusive a prisão preventiva, quebrando um dos cromossomos da genética inquisitorial (outros ainda rondam, quais fantasmas a evitar o sepultamento de práticas inquisitoriais e totalitárias). O art. 282, § 2º, do CPP é claro: "*as medidas cautelares serão decretadas pelo juiz **a requerimento das partes** ou, quando no curso da investigação criminal, por representação da autoridade policial ou mediante requerimento do Ministério Público*". O § 4º, do mesmo dispositivo também veda que o juiz *ex officio* substitua a medida cautelar, imponha outra ou decrete a prisão preventiva, quando houver descumprimento de qualquer medida cautelar já imposta. Especificamente, no que tange à prisão preventiva, o art. 311 do CPP é claro: "*em qualquer fase da investigação policial ou do processo penal, caberá a prisão preventiva decretada pelo juiz, a requerimento do Ministério Público, do querelante, do assistente, ou por representação da autoridade policial*". Observa-se que a expressão "*de ofício*" foi retirada do art. 282, § 2º, do CPP (cautelares em geral), do art. 282, § 4º, do CPP (substituição, cumulação ou decreto de prisão preventiva pelo descumprimento da cautelar), bem como do art. 311 do CPP (prisão preventiva) pela nova redação dada pela Lei 13.964/2019. Portanto, mesmo por uma leitura da perspectiva da normatividade ordinária, resta afastada a iniciativa do juiz em decretar qualquer medida cautelar.

Observa-se que no art. 282, § 5º, em sua redação original no CPP, não constava a expressão *de ofício*. O acréscimo veio com a Lei 13.964/2019. A atuação *ex officio* do juiz se aplica à revogação da medida imposta ou a sua substituição por uma menos gravosa da aplicada (necessidade, adequação, modificabilidade da situação concreta, por exemplo). A imposição de uma medida cautelar mais gravosa, bem como o decreto de prisão preventiva depende da representação ou de pedido das partes, na medida que o art. 282, §§ 2º e 4º, bem como os arts. 310 e 311, vedam a iniciativa *ex officio*. Isso se aplica também à imposição de medidas cautelares quando da pronúncia ou condenação do réu.[78]

As disposições normativas especiais, como o art. 294 da Lei 9.503/1997 (Código de Trânsito Brasileiro), o art. 20 da Lei 11.340/2006 (Lei Maria da Penha), que autorizavam o agir cautelar *ex officio* do juiz, em face da normatividade constitucional e ordinária de 2019 produzem uma nova realidade normativa, a ser seguida pelos aplicadores do direito.

O art. 310, II, do CPP, há de ser interpretado na conformidade da sistemática da reforma de 2019, ou seja, na necessária leitura acusatória do processo penal (art. 3º-A, CPP), a qual se infere da CADH e da CF, de modo que o flagrante mantém o sujeito preso por 24hs, prazo no qual há de realizar-se a audiência de custódia e averiguada a situação do flagrado. Simplesmente converter a prisão em flagrante em prisão preventiva, independentemente de pedido do MP, é decretar a medida cautelar sem representação da autoridade policial ou de pedido das partes. O auto de prisão em flagrante não contém representação implícita pela prisão preventiva. A natureza jurídica da representação para que a autoridade policial possa instaurar o inquérito policial ou o Ministério Público possa oferecer a denúncia (uma verdadeira condição de procedibilidade) é diversa da representação da autoridade policial pela decretação da prisão preventiva, a qual se aproxima de um ato postulatório e deverá ser explícita. Não há como inferir a certificação de uma situação de flagrância com a manifestação jurídica da autoridade policial da necessidade da prisão preventiva. Com isso, não se pode afastar a representação da autoridade policial pela prisão preventiva, ao encaminhar o auto de prisão em flagrante a juízo.

---

78. V. Cap. VI, itens 5.3 e 5.4.

A iniciativa judicial atinge tanto a base jurídica, quanto o substrato fático da representação ou do requerimento das partes, de modo que os juízes e tribunais não poderão agregar motivos fáticos ou jurídicos diversos dos constantes na representação ou no pedido das partes, sob pena de desvirtuamento da separação das funções petitórias e decisórias.[79]

---

79. V. HC 552.936, rel. Min. Reynaldo Soares da Fonseca, *DJe* de 11/02/2020, que "não cabe ao acórdão julgador de habeas corpus inovar na fundamentação, complementando a decisão combatida"; Também, RHC 57.462/BA, rel. Min. Sebastião Reis Júnior, *DJe* de 08/10/2015, onde consta, expressamente, que não cabe ao Tribunal "inovar, complementando a fundamentação de *decisum* proferido em primeiro grau", com precedentes do STJ: HC 148.696, rel. Min. Laurita Vaz, *DJe* de 23/08/2010 e HC 147.404/MS, rel. Min. Maria Thereza de Assis Moura, *DJe* de 07/12/2009, bem como do STF, no HC 109.678/PR, rel. Min. Marco Aurélio, *DJe* de 08/11/2012.

CAPÍTULO II

JUIZ DE GARANTIAS E A PRISÃO

1. Considerações gerais

A estrutura da administração da justiça criminal, até o advento da Lei 13.964/2019, era da atuação de um único juiz desde a fase de investigação até a sentença, sendo a prevenção a norma de afirmação de competência e não de afastamento (arts. 69, VI e 75, parágrafo único, CPP),[1] situação também verificada, comumente, no segundo grau de jurisdição (mesma Câmara ou Turma julga o habeas corpus, a apelação e o agravo em execução).

A mesma resistência ao Juiz de Garantias, encontrada quando de sua previsão no Projeto de Lei 156/2009 do Senado da República, o qual, ao ser encaminhado à Câmara dos Deputados recebeu o nº 8.045/2010, onde ainda tramita até o momento (fevereiro de 2020), verificou-se com a Lei 13.964/2019. Até o momento, das quatro ADINs, três delas questionam a constitucionalidade do Juiz de Garantias: a) ADIN 6298, da Associação dos Magistrados Brasileiros e da Associação dos Juízes Federais do Brasil; b) ADIN 6300, do Diretório do Partido Social Liberal; c) ADIN 6.305, da Associação Nacional dos Membros do Ministério Público. Inicialmente, o Min. Dias Toffoli havia postergado por 180 dias a implementação desse instituto, a partir de 23/01/2020. Após, o Min. Luiz Fux o suspendeu até decisão do Plenário do STF, tendo constado, expres-

1. Art. 75. *A precedência da distribuição fixará a competência quando, na mesma circunscrição judiciária, houver mais de um juiz igualmente competente.* Parágrafo único. *A distribuição realizada para o efeito da concessão de fiança ou da decretação de prisão preventiva ou de qualquer diligência anterior à denúncia ou queixa prevenirá a da ação penal.*

samente: "*a criação do juiz de garantias não apenas reforma, mas refunda o processo penal brasileiro e altera direta e estruturalmente o funcionamento de qualquer unidade judiciária criminal do país*".

É o juiz, desde que alheio aos interesses das partes e do investigador, o garante do *status* de cidadão inocente, de sujeito de direitos e garantias do suspeito e do imputado. Nesse mister finalístico e prospectivo, o magistrado avaliará a reserva do possível, isto é, o que se pode exigir, e o que, *prima facie*, devem ser realizadas (Canotilho). Isso porque, diante da prática de um ilícito criminal, emerge cristalino a problemática e a tensão entre a intervenção estatal persecutória, e a preservação dos direitos fundamentais do sujeito. Somente o dever de cuidado não se revela suficiente na esfera penal, em razão do grau das violações dos direitos fundamentais, desde a fase investigatória, fazendo-se necessário o estabelecimento de um dever de garante próprio e específico, em todos os graus e esferas jurisdicionais. Nesse labor valorativo, ponderativo e de harmonização jurídica, a desvinculação do juiz que decide acerca do mérito da causa de concepções *ex ante* acerca dos fatos, outorga maior higidez e legitimidade à prestação jurisdicional. Isso não só no caso concreto ou através do princípio da concordância prática (Canotilho, Hesse), mas na concretude da funcionalidade finalística da jurisdição criminal, numa perspectiva epistemológica de garantia ou conformação constitucional dos direitos fundamentais (Canotilho), bem como de proteção e limite (Alexandre Moraes). A eficácia do controle, com a vedação dos excessos persecutórios (admissibilidade do possível e do necessário) garante a restrição dos direitos fundamentais no plano da excepcionalidade (manutenção da intangibilidade do conteúdo essencial), ou seja, à manutenção da unidade e harmonia da CF (incluídas as fontes internacionais).[2]

O juiz é um ser no mundo e limitado. Sendo ser humano, a superação da identificação com a vítima ou com o réu, é dolorida. Carnelutti já advertia que a "*Justiça humana não pode ser senão uma justiça parcial; a sua humanidade não pode senão resolver-se na sua parcialidade. Tudo aquilo que se pode fazer é buscar diminuir essa parcialidade.*[3] A separação do magistrado que mantém contato com os elementos investigatórios (produzidos na perspectiva incriminatória) daquele encarregado de valorar a prova e manifestar-se sobre o mérito do caso penal também reduz possíveis danos, em face de "*pré-juízos*", de preconceitos inautênticos ou indevidamente adquiridos. Em uma das aproximações subjetivas, a imparcialidade se identifica com a inexistência de prejuízos no

2. A excepcionalidade da limitação poderá advir de conteúdos expressos na CF (conteúdo e autorização para que a lei o faça), bem como de limites constitucionais não expressos. A restrição há de atingir a finalidade proposta (adequação), a menor ingerência possível, ou seja, um grau inferior de prejuízo (necessidade), na perspectiva de uma reciprocidade razoável (proporcionalidade em sentido estrito) e não somente neste último estágio, como se fosse o exclusivo conteúdo da proporcionalidade.

3. Carnelutti, Francesco. *As Misérias do Processo Penal*. São Paulo: CONAN, 1995, p. 34.

momento de ser proferido o veredicto, ou seja, na ausência de uma convicção pessoal prévia acerca do objeto do julgamento, de um juízo *ex ante* acerca do caso penal, sobre os sujeitos e partes envolvidos.[4] Ao proferir o veredicto, o julgador há de oferecer garantias suficientes de exclusão de qualquer dúvida razoável de que seria parcial, oferecendo confiança e segurança, situação não verificável quando o julgador houver tomado alguma decisão na fase investigatória (homologando ou não a prisão em flagrante, decretando ou não a prisão preventiva, decidido acerca de outras medidas cautelares reais ou pessoais, por exemplo), ou mantido algum contado direto com os elementos coletados. Embora a imparcialidade subjetiva seja presumida pelo legislador, fazendo-se mister analisar o conteúdo do provimento anterior (situação objetiva-concreta), a separação do emissor dos juízos proferidos na fase investigatória do prolator do *decisum* acerca do mérito do caso penal reduz as possíveis contaminações, os juízos antecipados, conscientes ou inconscientes, incrementando a aparência de imparcialidade (*justice must not ongly be done; it must also be seen to be done*).[5] No sistema processual penal português, o juiz que decretou a prisão preventiva, fica impedido de intervir no julgamento (art. 40, "*a*", CPP), de modo que a própria lei considera o decreto de medidas de coação, segundo Gaspar, como o é a prisão preventiva, "*um comprometimento decisório anterior*" constituinte de um "*fundamento suficiente objetivo e objetivado para justificar o meio preventivo de garantia da imparcialidade objetiva*"... "*como elemento integrante da noção de processo equitativo - art. 6º, par.1 da CEDH*".[6]

A implementação do juiz de garantias não se restringe a uma opção metodológica ou de organização judiciária, mas encerra uma opção política e científica de processo penal, de exercício de poder,[7] isto é, um processo penal democrático

---

4. V. *Caso De Cuber vs. Bélgica* (1984), onde o TEDH afirmou que o magistrado que julgou o mérito da causa poderia já ter uma opinião formada sobre o caso, por ter decretado a prisão preventiva e realizado vários interrogatórios, não podendo quem investigou o caso ser o mesmo sujeito do julgamento. No *Caso Hauschildt vs. Dinamarca* (1989), o TEDH considerou objetivamente violado o direito a um juiz imparcial porque o magistrado que havia proferido várias decisões mantendo a prisão cautelar do imputado presidiu o julgamento.

5. V. Giacomolli, Nereu José. *O Devido Processo Penal: abordagem conforme a CF e o Pacto de São José da Costa Rica*. São Paulo: Gen/Atlas, 2016, p. 276 a 280, acerca do conteúdo e funcionalidade do princípio da imparcialidade.

6. Em Gaspar, António da Silva Henrique. *Código de Processo Penal Comentado*. Coimbra: Almedina, 2016, p. 116 e 117.

7. Do paradigma (Alain Touraine) hobbesiano de submissão absoluta e irrevogável à soberania do Estado, justificada na necessidade de segurança, passou-se à concepção contratual de Locke, a qual admite a autoridade de um juiz terreno, com autoridade para dirimir conflitos, para castigar, para limitar os poderes do soberano, através da lei. Essa limitação aos poderes do soberano ocorreria na esfera política (decisões da maioria e separação de poderes) e também no âmbito jurídico. A necessidade de conciliar obediência e liberdade fundamenta o pacto social em Rousseau, segundo o qual, cada indivíduo, componente do todo indivisível, coloca sua pessoa e sua autoridade sob o comando da vontade geral.

ou totalitário. O primeiro modelo preconiza regras claras, harmônicas, eticamente aceitáveis, vinculado à CF e aos Diplomas Internacionais, inserido na realidade internacional. O segundo, napoleonicamente retroativo, forjado na supremacia, preconiza a preponderância da lei e da codificação sobre a Constituição e os Diplomas Humanitários. Enquanto o primeiro foi forjado a partir do estado de inocência, tendo o suspeito, indiciado, acusado e condenado como sujeitos, seres humanos, o segundo parte da premissa de que os autores dos fatos delituosos já nascem culpados; se presumem culpados até que provem a sua inocência.[8]

O modelo brasileiro proposto no projeto de reforma do CPP (PL 156/2009, do Senado e 8.045/2010, da Câmara dos Deputados), quanto o introduzido pela Lei 13.964/2019, aproxima-se ao *Giudice per le Indagini Preliminari* (GIP) do ordenamento jurídico italiano.[9] A essência de suas atribuições está no controle jurisdicional da legalidade da investigação e na proteção dos direitos e das liberdades fundamentais dos investigados. Tanto no modelo italiano, quanto o brasileiro, a atuação do juiz de garantias é ocasional, sem funções instrutórias, limitadas ao de controle da legalidade das investigações e à garantia dos direitos fundamentais, mormente os de liberdade. O juiz de garantias não é o titular e nem o coordenador da fase preliminar, como o é o juiz instrutor.[10]

O avanço da separação entre o sujeito que profere decisões na fase de investigação e aquele que decide acerca do *meritum causae* afeta também os órgãos colegiados, de sorte que, no segundo grau jurisdicional devem ser criados mecanismos para evitar que a Câmara ou Turma que apreciou os remédios jurídicos impugnativos (recursos, ações autônoma de impugnação - habeas corpus, mandado de segurança -, ou medidas correicionais, por exemplo) seja a mesma a julgar impugnações à sentença. O juízo colegiado, conforme já referido por Carnelutti, é uma das tentativas da lei para garantir a dignidade do juiz, um remédio para reduzir a insuficiência do magistrado.[11]

2. Funções do Juiz de Garantia, em face da prisão e liberdade

Embora o rol das funções do juiz de garantias, conforme art. 3°-B a 3°-F,

---

8. V. GIACOMOLLI, Nereu José. "Juiz de garantias - um nascituro estigmatizado", em MALAN, Diogo e MIRZA, Flávio (org.). *70 Anos do Código de Processo Penal Brasileiro*. Rio de Janeiro: Lumen Juris, 2012, p. 299 a 308.

9. V. FERRAIOLI, Marzia. *Il ruolo di "garante" del giudici per le indagini preliminari*. Padova: Cedam, 1993. V. também SÁEZ MARTIN, Jorge Eduardo. "El Juiz de Garantía em el Sistema Adversarial", em FERNÁNDEZ, Maurício Decap et ali (org.). *El Modelo Adversarial em Chile*. Santiago do Chile: Thomson Reuters, 2013, p. 219 a 247.

10. V. em GIACOMOLLI, Nereu José e MAYA, André. "O juiz de garantias no projeto de reforma do Código de Processo Penal", em PRADO, Geraldo; CHOUKR, Ana Cláudia Ferigato e JAPIASSÚ, Carlos Eduardo Adriano. *Processo Penal e Garantias*. Florianópolis: EmporiodoDireito, 2016, p. 118 a 126, o juiz de garantias nos ordenamentos jurídicos europeu e latino-americano.

11. Em *As Misérias do Processo Penal*. São Paulo: CONAN, 1995, p. 33 e 34.

seja vasto, sua funcionalidade é de controle da legalidade da investigação criminal e de salvaguarda dos direitos individuais, mormente os de liberdade. Isso resulta claro do *caput* do art. 3º-B, I a VI, VIII, XII, § 2º, do CPP.

Conforme art. 5º, LXII, CF, *"a prisão de qualquer pessoa e o local onde se encontre serão comunicados imediatamente ao juiz competente e à família do preso ou à pessoa por ele indicada"*. Isso se aplica ao preso em flagrante delito, ao preso temporariamente e ao preso em razão da prisão preventiva. O dever de comunicação da prisão também constava nas Constituições anteriores (art. 113 nº 21 da CF de 1934; art. 141, § 22, da CF de 1946; art. 150, § 12, da CF de 1967 e art. 153, § 12, da CF de 1969). Até o advento da Lei 13.964/2019, a referida comunicação era endereçada ao juiz de plantão (fora do horário de expediente forense, como regra) ou ao juízo criminal ordinário. Com a implementação do juiz de garantias, tal comunicação deverá ser a ele endereçadas. Ausente a comunicação, o auto de prisão em flagrante é nulo e a prisão deverá ser relaxada, não sendo relevante a discussão acerca de prejuízo, em face do descumprimento da normatividade convencional e constitucional. Sem a comunicação imediata ao juiz, ínsito o prejuízo à liberdade do sujeito, devendo ser relaxada a prisão. Essa comunicação pode ser feita por qualquer meio, desde que atinja o objetivo de dar ciência a situação do detido e possa ser comprovada.[12]

O auto de prisão em flagrante será encaminhado ao juiz de garantias e não mais será distribuído no foro ou enviado ao juizado de plantão, como era antes da Lei 13.964/2019. O art. 3º-B, II, do CPP determina a observância do art. 310 do CPP, neste aspecto, cuja redação atual obriga o juiz a realizar a audiência de custódia em 24hs após a prisão e não após ter recebido o auto de prisão em flagrante, com o objetivo de controle da legalidade da prisão, sob pena de ilegalidade da prisão (art. 310, § 4º, CPP).[13]

Independentemente da apresentação imediata do preso, por força do art. 3º-B, II e 310, ambos do CPP, em qualquer momento, o juiz de garantias poderá determinar a condução do sujeito, independentemente da modalidade da prisão, desde que ainda não encaminhados os autos à distribuição para o juiz criminal ordinário (art. 3º-B, III, CPP). Mesmo não estando preso, o juiz de garantias, como garante do controle da legalidade da investigação e da preservação dos direitos fundamentais do investigado, poderá ouvi-lo.

---

12. V. Carvalho, Luís Gustavo Grandinetti Castanho de. "Art. 5º, LXII – a prisão de qualquer pessoa e o local onde se encontre serão comunicados imediatamente ao juiz competente e à família do preso ou à qualquer pessoa por ele indicada", em Gomes Canotilho, José Joaquim, Mendes, Gilmar Ferreira; Sarlet, Ingo Wolfgang e Sreck, Lênio Luiz (coord.). *Comentários à Constituição do Brasil*. São Paulo: Saraiva Educação, 2018, p. 488.

13. Parágrafo quarto suspenso liminarmente, em face da ADINs 6298, 6300 e 6305, até manifestação do plenário do STF.

Até o recebimento da denúncia (art. 3º-B, V e XIV, CPP), é de competência do juiz de garantias decidir acerca de qualquer modalidade de prisão processual, seja oriunda do flagrante, de representação da autoridade policial ou de pedido do MP. A competência, até o recebimento da denúncia abarca qualquer decisão acerca da prisão ou de outras medidas restritivas da liberdade plena (prorrogação, substituição, revogação), assegurando-se o contraditório (art. 3º-B, VI, CPP).

Quando o investigado estiver preso, é do juiz de garantias a competência para prorrogar a duração do inquérito policial, desde que haja representação da autoridade policial, assegurada a manifestação do MP. Essa prorrogação somente poderá ocorrer uma vez e pelo prazo de 15 dias, sob pena de a prisão passar à ilegalidade (art. 3º-B, VIII e § 2º, CPP).

O remédio jurídico para garantir o direito fundamental de liberdade é o habeas corpus. Sendo o juiz de garantias a autoridade coatora, esta ação autónoma de impugnação deverá ser aforada, processada e julgada pelo órgão *ad quem* (Tribunal Regional Federal ou Tribunal de Justiça), em órgão específico para apreciar as impugnações do juiz de garantias. A competência do juiz de garantias, no que tange ao habeas corpus se refere à coação de outras autoridades, enquanto atuantes até o recebimento denúncia (art. 3º-B, XII, CPP).

CAPÍTULO III

AUDIÊNCIA DE CUSTÓDIA

1. Normatividade supranacional

Embora a defesa pessoal seja facultativa, ao suspeito ou ao indiciado na fase preliminar do processo penal, e ao acusado na fase judicial, asseguram-se a possibilidade de declarar, de rebater, resistir ou contraditar os elementos investigatórios e probatórios incriminadores. Trata-se de um direito integrante da ampla e plena defesa, na perspectiva de ser escutado, de ser ouvido acerca da imputação criminal ou da constrição da liberdade, seja ela em flagrante delito ou oriunda da prisão processual. Esse direito foi inserido no Pacto Internacional de Direitos Civil e Políticos (PIDCP),[1] em seu art. 14.1 ("*toda pessoa terá o direito de ser ouvida publicamente*"), e na Convenção Americana de Direitos Humanos (CADH),[2] em seu art. 8.1: "*toda pessoa terá o direito de ser ouvida, com as devidas garantias e dentro de um prazo razoável, por um juiz ou tribunal*". Essa garantia incide também quando houver uma restrição à liberdade de locomoção, precisamente, quando da lavratura do auto de prisão em flagrante ou de prisão processual. É o que se infere do art. 9.3 do PIDCP, quando estabelece que "*toda pessoa presa ou detida em virtude de infração penal deverá ser prontamente conduzida à presença de um juiz ou de outra autoridade habilitada*", bem como do art. 7.5 da CADH: "*toda pessoa presa, detida ou retida deve ser conduzida, sem demora, à presença de um juiz*".

1. Ratificado pelo Brasil por meio do Decreto 592/1992.
2. Ratificada pelo Brasil através do Decreto 678/1992.

Por isso, todo preso deverá ser imediatamente apresentado em juízo, antes de ser recolhido ao cárcere, para que seja ouvido por um magistrado.[3] A apresentação imediata do flagrado possibilitará o contraditório e a defesa, antecedentes ao decreto de prisão preventiva. A Corte IDH, nos casos *Tibi vs. Equador* e *Espinoza Gonzáles vs. Peru,* estabeleceu que o detido deve ser levado perante um juiz ou outra autoridade imbuída de funções judiciais, para que seja ouvido, possibilitando a valoração das explicações, decidindo acerca da liberdade e da prisão. No caso *Bulacio vs. Argentina,* a Corte IDH assentou que o controle judicial imediato evita a arbitrariedade ou a ilegalidade das detenções, devendo o juiz garantir os direitos dos detidos, autorizar a adoção de medidas cautelares ou coercitivas quando estritamente necessárias, zelando pelo estado de inocência. No *Caso Palamara Ibarne vs. Chile*, a Corte IDH considerou não ter sido cumprido o direito a uma audiência (audiência de custódia).

Ao ratificar os instrumentos supranacionais, o Brasil assumiu a obrigação (*shall secure*) convencional-internacional e, no caso específico da CADH,[4] está submetido a sua jurisdição em uma dupla dimensão, ou seja, além do dever de respeitar os direitos e as liberdades contidos no Pacto, conforme art. 1º da CADH, também deve adotar as medidas legislativas necessárias para tornar efetivos tais direitos e as liberdades (art. 2º, CADH).

Segundo o princípio 37, constante no anexo do *Conjunto de Princípios para a Proteção de Todas as Pessoas Sujeitas a Qualquer Forma de Detenção ou Prisão*, da Assembleia Geral da ONU, com base na Resolução 35/177, de 15/12/1980, "*a pessoa presa pela prática de uma infração penal deve ser apresentada a uma autoridade judiciária ou outra autoridade prevista por lei, prontamente após sua captura. Essa autoridade decidirá sem demora acerca da legalidade e necessidade da prisão. Ninguém pode ser mantido preso aguardando a abertura da instrução ou julgamento salvo por ordem escrita de referida autoridade. A pessoa detida quando presente a essa autoridade, tem o direito de fazer uma declaração sobre a forma como foi tratada enquanto presa*". No princípio 12.1, consta o dever de serem devidamente registrados a razão da captura, o momento da prisão e de sua condução ao local da prisão e de seu primeiro comparecimento perante à autoridade.[5]

3. V. Paiva, Caio. *Audiência de Custódia e o Processo Penal Brasileiro*. Florianópolis: EmpóriodoDireito, 2015, p. 47 e ss.

4. Embora o PIDCP possua normas no mesmo sentido (arts. 1º. 3, 2º. 1, PIDCP), o sistema regional de proteção dos direitos humanos (CADH) está mais estruturado, inclusive com a possibilidade de sanções junto a seus dois principais órgãos.

5. Em www2.camara.leg.br/atividade-legislativa/comissões/comissões-permanentes/cdhm/..., acesso em 29/02/2020.

2. Antecedentes[6]

Desde 2011, o Projeto de Lei do Senado nº 554, de autoria do Senador Antônio Carlos Valadares, propunha a reforma do art. 306 do CPP, de modo a compelir a apresentação do sujeito detido em flagrante à autoridade judicial, como medida de adequação aos tratados internacionais. No *68º Encontro do Colégio dos Corregedores de Justiça do Brasil* (ENCOGE), ocorrido nos dias 25, 26 e 27 de março de 2015, em Teresina/PI, foi extraída a Carta de Teresina, contendo, entre outras deliberações, apoio em relação à realização de "*audiências de custódia como política pública de controle do ingresso de presos no sistema carcerário*". A Carta de Recife, oriunda do Encontro Nacional do Colégio de Presidentes de Tribunais de Justiça do Brasil, realizado em junho de 2015 recomendou "a implantação do Sistema de Audiências de Custódia, como '*instrumentos céleres e eficazes para a solução de conflitos, defesa dos direitos fundamentais e garantia da cidadania*".[7] Podemos citar, ainda, como antecedentes o Provimento Conjunto nº 03/2015 do TJSP, o Provimento nº 21/2014, do TJMA, a Resolução nº 13/2015 do TJES e a Resolução nº 796/2015, do TJMG. O próprio STF se posicionou acerca do tema na ADIN 5.240/SP,[8] aforada pela Associação dos Delegados de Polícia do Brasil, julgada improcedente, bem como na ADPF 347/DF, determinando que os juízes e tribunais realizassem as audiências de custódia, num prazo de 90 dias.[9]

O mote inicial da realização das audiências de custódia foi a preocupação com os altos índices de encarceramento preventivo no Brasil e seu impacto na administração da justiça.[10]

---

6. V. GALÍCIA, Caíque Ribeiro; GIACOMOLLI, Nereu José. "Audiência de Custódia: a concretização da utopia", em *Pensar - Revista de Ciências Jurídicas*, v. 22, 2017, p. 1 a 12.

7. A notícia foi de que no Estado do Maranhão as audiências de custódia estavam funcionando desde outubro de 2014, com realização de 425 audiências até o mês de fevereiro de 2015, em www.cnj.jus.br/implantacao-das-audiencias-de-custodia-e-recomendada-na-carta-de-Recife/, acesso em 18/02/2020.

8. "*...1. A Convenção Americana sobre Direitos do Homem, que dispõe, em seu artigo 7º, item 5, que "toda pessoa presa, detida ou retida deve ser conduzida, sem demora, à presença de um juiz", posto ostentar o status jurídico supralegal que os tratados internacionais sobre direitos humanos têm no ordenamento jurídico brasileiro, legitima a denominada "audiência de custódia", cuja denominação sugere-se "audiência de apresentação*" (STF, 20/08/2015, rel. Min. Luiz Fux).

9. "*... AUDIÊNCIA DE CUSTÓDIA - OBSERVÂNCIA OBRIGATÓRIA. Estão obrigados juízes e tribunais, observados os artigos 9.3 do Pacto dos Direitos Civis e Políticos e 7.5 da Convenção Interamericana de Direitos Humanos, a realizarem, em até noventa dias, audiências de custódia, viabilizando o comparecimento do preso perante a autoridade judiciária no prazo máximo de 24 horas, contado do momento da prisão*"(Plenário do STF, 09/09/2015. Rel. Min. Marco Aurélio).

10. V. ALBUQUERQUE, Laura Gigante e GIACOMOLLI, Nereu José. "A audiência de custódia e os seus impactos no sistema de justiça criminal brasileiro", em *Revista de Estudos Criminais*, v. 67, 2017, p. 168 e 169.

3. Normatividade no CPP

Até o advento da Lei 13.964/2019, a autoridade policial lavrava o flagrante e o encaminhava ao juízo competente para que o magistrado o homologasse ou não. O flagrado era conduzido ao cárcere e somente escutado e visto pelo magistrado nas audiências de instrução e julgamento, meses depois da prisão (arts. 306 e ss., CPP). A autoridade policial ainda dispunha de 24 hs, depois de efetivada a prisão, para encaminhar o expediente a juízo, fazendo as comunicações necessárias: MP, familiares, advogado ou defensoria pública. Contudo, a Lei 13.964/2019 deu nova redação ao art. 310 do CPP, além de prever a audiência de custódia no art. 287 do CPP e no art. 3º-B, II, CPP. A nova redação do art. 310 do CPP revogou, tacitamente, o disposto no art. 306, §§ 1º e 2º, do CPP, segundo os quais, a autoridade policial encaminharia o auto de prisão em flagrante ao juiz em até 24hs após a realização da prisão, entregando, no mesmo lapso temporal, a nota de culpa. Após a Lei 13.964/2019, isso deverá ocorrer imediatamente e as 24hs, a partir da prisão é o prazo para o magistrado realizar a audiência de custódia.

A audiência de custódia, até o recebimento da denúncia, é atribuição do juiz de garantias, uma vez implementado, nos termos do art. 3º-B, I e XIV, do CPP. Após, a competência é do juízo onde estiver tramitando o processo ou for distribuído o inquérito policial. Nada impede que os juizados de plantão realizem a audiência de custódia, enquanto não implementado o juiz de garantias. Nesta audiência, com a presença do MP e do defensor, o juiz ouvirá o preso, especificamente acerca da prisão: circunstâncias da prisão, condução, tratamento recebido pelas autoridades, em suma, sobre todos os detalhes da prisão. Também, indagará o imputado acerca do fato e do que consta sobre sua pessoa (defesa pessoal), na medida que, além da legalidade da prisão, o juízo decidirá acerca da manutenção da prisão, da exigência cautelar e de seu grau. Há de ser assegurada a manifestação do MP e da defesa, em debate contraditório e oral. O juiz decidirá acerca da prisão e da liberdade do imputado, nessa audiência. Quando se tratar de infração inafiançável, nos termos do art. 287 do CPP, o sujeito poderá ser preso, mesmo sem a exibição do mandado, desde que seja imediatamente conduzido à autoridade que expediu a ordem, para a realização da audiência de custódia. Sendo a ordem expedida pelo juízo de outra Comarca, nada impede que a audiência ocorra por videoconferência ou com utilização de outros meios tecnológicos, desde que garantida a autenticidade.

A não realização da audiência de custódia, no prazo legal, comina de ilegalidade a prisão, a qual, na expressa e clara dicção legal, implica no relaxamento da prisão (art. 310, § 4º, CPP).[11] Nessas hipóteses, nada impede que seja

11. Parágrafo quarto suspenso liminarmente, em face da ADINs 6298, 6300 e 6305, até manifestação do plenário do STF.

decretada a prisão preventiva, sempre que houver representação da autoridade policial ou pedido do Ministério Público. O disposto neste parágrafo há de ser interpretado com a parte geral das cautelares (art. 282, § 2º, CPP).

4. Funcionalidade

A funcionalidade da audiência de custódia não se restringe à verificação do estado físico ou psicológico do preso (foi agredido, ameaçado ou coagido, por exemplo), mas sobretudo, assegurar-lhe o direito de audiência, de ser ouvido, bem como permitir ao juiz a verificação da legalidade da prisão, sua necessidade, a exigência de cautelaridade e seu grau de exigibilidade. Com isso, também, assegura-se a defesa pessoal do autor do fato, o contraditório e o debate oral. Na sistemática anterior à obrigatoriedade da audiência de custódia, o juiz decidia acerca da prisão e da liberdade do autor do fato somente com a versão incriminatória e, raramente, com o depoimento do flagrado. Por isso, também, a regra era a homologação do auto de prisão em flagrante e sua conversão *ex officio* em prisão preventiva, sem ouvir a defesa e o imputado.

A realização da audiência de custódia proporciona uma maior participação dos atores processuais, no espaço público e contraditório do processo, contribuindo na construção da decisão acerca da prisão e da liberdade, no plano horizontal do diálogo processual. Contudo, se faz mister compreender a real funcionalidade da audiência de custódia, suas finalidades e objetivos, na perspectiva de uma dimensão ética e humanitária, ademais da legislativa (uma das estratégias de política pública, mas insuficiente), para que este ato processual possa causar impacto no sistema carcerário, na administração da justiça, na eficácia jurisdicional e no desenvolvimento científico do processo penal. Inegável que a audiência de custódia contribui à concretização e garantia dos direitos fundamentais, mormente em relação ao tratamento do acusado como sujeito e não como objeto da investigação e do processo.

A previsão legislativa é apenas uma das estratégias possíveis e necessárias, mesmo se considerada como uma política pública (Langer). Faz-se mister um labor de mudança de compreensão da constitucionalidade, da convencionalidade, da adequação da normatividade doméstica à normatividade internacional e à interjurisdicionalidade, mormente dos Tribunais protetivos dos direitos humanos, com a adoção de estratégias institucionais emancipatórias. Nestas se vislumbra a canalização de investimentos em políticas públicas voltadas à redução da criminalidade, antes, durante e após o encarceramento, com debate político sério e responsável, gestão compartilhada e eleição de prioridades. Nas emancipatórias, se pode destacar a necessidade de questionar as funcionalidades e prioridades dos Poderes Executivo, Legislativo e Judiciário, bem como do ensino jurídico, com problematização e constrangimento epistemológico da crença no encarceramento preventivo como a única ou melhor solução – antecipação da tutela penal material. Já afirmamos que não podemos olvidar a necessidade de ser diminuída a racionalidade técnico-instrumental e navegar rumo à dimensão ética, humanitária e solidária.[12]

12. V. ALBUQUERQUE, Laura Gigante e GIACOMOLLI, Nereu José. "A audiência de custódia e os seus impactos no sistema de justiça criminal brasileiro", em *Revista de Estudos Criminais*, v. 67, 2017, p. 176 e 177.

CAPÍTULO IV

PRISÃO EM FLAGRANTE

1. Considerações iniciais

O sistema criminal sempre nutriu uma importância relevante à prisão em flagrante. Houve tempos em que o flagrante mantinha o sujeito preso até o final do processo, salvo nos casos de crime afiançável (CPP de 1941). Posteriormente, se reconheceu o direito de o réu primário e de bons antecedentes recorrer em liberdade (Lei 5.941/73) e a concessão de liberdade provisória, na ausência dos requisitos da prisão preventiva (Lei 6.416/77, a qual acrescentou o parágrafo único ao art. 310 do CPP). Isso se refletiu e ainda se observa na práxis forense, através da concepção equivocada e sem suporte legal, constitucional e convencional, de que a prisão em flagrante inverteria o encargo probatório e o flagrado seria presumidamente culpado. Porém, a presunção, no processo penal, segundo interpretação convencional e constitucional, as quais estão acima da lei ordinária, é de inocência e não de culpa, situação também que não permite a transferência do ônus probatório, no processo penal, do Estado-Acusador à defesa.

Na perspectiva da base legal ordinária, desde o advento da Lei 12.493/2011 limitaram-se os efeitos do auto de prisão em flagrante, isto é, o sujeito não poderá permanecer preso pelo fato de ter sido detido em flagrante delito. Reduziram-se a funcionalidade e eficácia temporal da prisão em flagrante. No plano constitucional, a prisão somente poderá advir de uma ordem judicial ou de uma situação de flagrante delito (art. 5°, LXI, CF). A Lei 13.964/2019, ao dar nova redação ao art. 283 do CPP, consigna que "*ninguém poderá ser preso senão em flagrante delito ou por ordem escrita e fundamentada da autoridade judiciária competente, em decorrência de prisão cautelar ou em virtude de condenação criminal transitada em julgado*". Ao tratar especificamente das providências que o juiz deverá tomar ao receber o auto de prisão em flagrante, está a realização da audiência de custódia, em um prazo de 24 horas, sob pena de a prisão tornar-se ilegal (art. 310, § 4°, CPP),[1] podendo decretar a prisão preventiva.[2]

2. Funcionalidade pré-cautelar da prisão em flagrante

A CF, em seu artigo 5°, LXI, autoriza a prisão em flagrante. Idêntica disposição consta no art. 283 do CPP. Por isso, o flagrante pode prender alguém de forma válida. Todavia, não possui entidade suficiente para manter o sujeito detido por muito tempo, como era nos primórdios do CPP. O prazo, com a nova redação dada pela Lei 13.964/2019, ao art. 310 e seus parágrafos, para a validade da prisão em flagrante, é de 24 horas (ocorreu revogação tácita dos §§ art. 306 do CPP, pois nesse prazo de 24 hs o juiz deverá realizar a audiência de custódia, necessitando dos autos da prisão em flagrante). Isso porque o juiz, nos termos do *caput* do art. 310 do CPP, nesse prazo deverá realizar a audiência de custódia, na qual concederá a liberdade provisória ou decretará a prisão preventiva, desde que o MP esteja presente na audiência e postule a aplicação dessa medida extrema. Nessa perspectiva, o art. 311 do CPP é claro: "*em qualquer fase da investigação policial ou do processo penal, caberá a prisão preventiva decretada pelo juiz, a requerimento do Ministério Público, do querelante ou do assistente, ou por representação da autoridade policial*".

A funcionalidade da prisão em flagrante é deter alguém que se encontra praticando uma infração criminal, ou nas demais situações de flagrância, diante da evidência da existência da infração e dos fortes indícios de autoria (*fumus commissi delicti*), possibilitando a colheita de elementos investigatórios informativos (imediatidade), bem como a análise do cabimento da prisão preventiva ou de outras medidas cautelares pessoais. Constitui-se em um instrumento de satisfação de exigências investigatórias e de prova, mesmo que limitada à funcionalidade extraprocessual ou diversa à emissão de um juízo condenatório. Além de abreviar a *persecutio criminis*, muitas vezes, a prisão em flagrante permite a apreensão de bens relacionados com o crime, podendo evitar a consumação

---

1. Parágrafo quarto suspenso liminarmente, em face da ADINs 6298, 6300 e 6305, até manifestação do plenário do STF.

2. V. cap. I, item 10. A disposição do art. 310, II, CPP há de receber uma nova interpretação, em face do art. 282, § 2°, CPP, cuja redação atual foi dada pela Lei 13.964/2019: "*as medidas cautelares serão decretadas pelo juiz a requerimento das partes ou, quando no curso da investigação criminal, por representação da autoridade policial ou mediante requerimento do Ministério Público*". O art. 282, § 4° também afasta a possibilidade de o juiz decretar a prisão preventiva de ofício. A atuação do magistrado, autorizada no § 5° do mesmo dispositivo, não se insere na iniciativa *ex ante*, *ab initio*, mas após requerimento do Ministério Público, afastando a iniciativa.

do delito (evitar um dano ou risco maior a bens jurídicos). Todavia, não possui a função de acautelar o processo ou de instrumentalizar a incidência da potestade punitiva; menos ainda está imbuída da missão de antecipar a tutela penal. Por isso, não é uma medida cautelar, mas um antecedente facultativo desta (as medidas cautelares, inclusive a prisão preventiva, podem ser decretadas fora dos casos de flagrância).

Em face da percepção visual de que o sujeito está cometendo uma infração criminal (art. 302, I, CPP), que acaba de cometê-la (art. 302, II, CPP) ou que se presuma ter cometido, em razão de perseguição (art. 302, III, CPP) ou dos objetos que com ele sejam encontrados (art. 302, IV, CPP), surge a obrigação de os agentes públicos impedirem a continuidade infracional (obrigatoriedade) e de os particulares poderem agir dessa forma (faculdade). Seria constitucionalmente admissível que qualquer pessoa do povo pudesse decretar uma medida cautelar? A resposta é não, em razão da reserva jurisdicional. Por isso, a prisão em flagrante se esgota em si mesma. O flagrado é conduzido à autoridade policial (polícia civil) para que seja instrumentalizada a prisão, através da lavratura do auto de prisão em flagrante, o qual deverá ser encaminhado imediatamente ao juiz (juiz de garantia, desde que implementado - art. 3º-B, I e II, CPP), comunicado ao MP, à família do preso ou à pessoa por ele indicada (art. 306, *caput,* CPP). A funcionalidade do flagrante acaba com a decisão do juiz na audiência de custódia. Portanto, não se vislumbra nenhuma instrumentalidade cautelar na prisão em flagrante.

Do art. 310, II, do CPP se infere não possuir a prisão em flagrante potencialidade legal suficiente para manter o flagrando preso. Isto é, o flagrante, por si só, não mantém o sujeito preso por mais de 24 horas. Assim, a prisão em flagrante possui limitação situacional, funcional e temporal (24hs), independente das medidas cautelares, constituindo-se em uma medida pré-cautelar pessoal e de polícia, com entidade instrumental autônoma, limitada temporalmente, específica e própria.

3. Situações de flagrância: "espécies"

As situações de flagrância, ou seja, as hipóteses em que é possível deter alguém em flagrante, estão elencadas no art. 302 do CPP. A doutrina sói classificar o flagrante em próprio, perfeito ou real (art. 302, I e II, CPP), impróprio, imperfeito ou quase-flagrante (art. 302, III, CPP) e presumido ou ficto (art. 302, IV, CPP). O verdadeiro flagrante ou o propriamente dito é verificável quando o agente está praticando a infração criminal, momento em que é possível constatar, visualmente, o *iter criminis* (art. 302, I, CPP). As demais situações são integrações político-criminais, apesar de serem consideradas flagrante, pela legislação.

Na situação do art. 302, I, do CPP, os autores da prisão em flagrante visualizam o momento em que o sujeito está cometendo a infração criminal, integralizando os elementos e as circunstanciais típicas, as quais podem estancar no instante da prisão, sem que todo o *iter criminis* se perfectibilize (tentativa, quando por circunstâncias alheias à vontade do agente). São exemplos da primeira situação: prisão do sujeito no interior de uma residência, no momento em que acondiciona os objetos para serem subtraídos; prisão do indivíduo que está desferindo facadas na vítima.

Já na situação do art. 302, II, do CPP, o agente é flagrado no momento em que acaba de cometer a infração (está ocultando a arma utilizada para matar a vítima, ou ocultando os objetos da subtração; está ocultando o cadáver da vítima; agente penitenciário que admite o ingresso de droga no presídio, a qual é encontrada, imediatamente, com um apenado, por exemplo). Diferentemente da primeira hipótese, nesta a conduta delituosa já cessou; contudo, ainda se pode inferir a prática do delito, pela situação concretizada naquele instante de visualização e percepção. Para considerá-lo como flagrante próprio, se exige imediatidade entre o encerramento do *iter criminis* e a visualização com a detenção. Por isso, do caso concreto é que se poderá inferir se houve ou não a situação de flagrância (ação, situação verificada e consequências de uma espécie específica de delito). Assim, nessa hipótese, ganham relevância a espécie de crime e o resultado, mesmo quando o *iter criminis* não findou.

Quando transcorrer um lapso de tempo maior entre o encerramento do *inter criminis* e a prisão do sujeito, não se está mais diante de um flagrante propriamente dito, mas de uma situação em que a lei outorga iguais efeitos aos do flagrante próprio. Por isso a doutrina costuma classificar a situação do art. 302, III, do CPP, como sendo de "*quase-flagrante*" ou de "*flagrante impróprio*", e a do art. 302, IV, do CPP, como de "*flagrante ficto*" ou "*flagrante presumido*". Nesses casos se presume a situação de flagrância.

Na situação do art. 302, III, do CPP, o sujeito não é detido no momento em que pratica o delito e nem na situação imediatamente posterior à sua prática, mas depois de perseguição, em condições que façam presumir ser o autor do delito (alguém é visto saindo da casa da vítima, com objetos enrolados em um cobertor; é perseguido por vizinhos e pela polícia, até ser detido, com os objetos subtraídos – art. 290, § 1°, "*a*", CPP; alguém informa à autoridade policial que um sujeito, que não era o proprietário do automóvel que conduzia, se deslocou em determinada direção e a autoridade inicia a sua busca – art. 290, § 1°, "*b*", CPP; alguém é visto por um vizinho, saindo da casa da vítima, desfazendo-se dos objetos na fuga). A exigência é que a perseguição não cesse, mesmo com a perda de vista do suspeito, ou seja, se faz mister consistência e durabilidade temporal. Embora não haja um período de tempo definido na expressão "é perseguido, logo após...", e nem se exija concomitância ao delito, a perseguição deverá ocorrer diante da visualização do sujeito que cometeu o crime, nas imediações do local ou de seu deslocamento em um determinado sentido. Portanto, o "*logo após*" é imediato ou se aproxima da imediatidade, em questão de minutos e não de hora ou horas. Todavia, a perseguição não possui tempo para acabar. Enquanto durar o encalço, a situação é de flagrância. A presunção referida no art. 302, III, é uma presunção processual, circunstancial e relativa, pois nem sempre alguém está em fuga porque cometeu um delito.

Por outro lado, na situação do art. 302, IV, do CPP, não há perseguição propriamente dita, mas encontro do sujeito com instrumentos, armas, objetos ou papéis que façam presumir ser ele o autor da infração. A lei exige que esse encontro, para caracterizar a situação de flagrância, seja "*logo depois*" da conduta criminosa. Não se pode olvidar que alguém é encontrado quando é procurado. Portanto, primeiramente, para que se possa afirmar a existência de flagrante, o sujeito deve ter sido procurado, isto é, se exige a prática de atos tendentes a descobrir onde está o flagrado ou o autor de determinado delito. O achado casual do autor de determinado crime se desvincula da situação de procurado/encontrado. O "*logo depois*" possui uma elasticidade maior que o "*logo após*" do art. 302, III, do CPP, o qual exige um contato visual imediato. Tendo havido procura dos agentes que praticaram determinado delito, o encontro poderá distanciar-se no tempo, mas não de modo significativo, ou seja, enquanto durarem as buscas e as estratégias para deter os autores do delito (barreiras policiais, por exemplo). Cessadas as buscas, o encontro fortuito não mais caracterizará a situação de flagrância. A presunção, embora processual, como no art. 302, III, do CPP, aqui, é mais que circunstancial (situacional), exigindo elementos objetivos concretos (instrumentos, armas, objetos, papéis, por exemplo), relacionados com o delito investigado.

4. Particularidades

4.1 Crimes permanentes e habituais

Os crimes permanentes possuem uma particularidade, também no que tange à possibilidade da prisão em flagrante. Enquanto não cessar a permanência, perdura a situação de flagrância (art. 303, CPP). Os crimes permanentes são aqueles que não se concluem temporalmente, mesmo quando integralizados os elementos do tipo, na medida em que se prolongam no tempo, por vontade do próprio agente.[3] Exemplos clássicos de crimes permanentes são invasão de do-

---

3. V. Figueiredo Dias, Jorge. *Direito Penal, parte geral, tomo* I. Coimbra: Coimbra Editora, 2004, p. 296, ao referir que "quando a consumação de um crime se traduz na realização de um ato ou na produção de um evento cuja duração seja instantânea, isto é, não se prolonga no tempo, esgota-se num único momento, diz-se que o crime é instantâneo... O crime não será instantâneo,

micílio (art. 150, CP), sequestro e cárcere privado (art. 148, CP), ocultação de cadáver (art. 211, CP), tráfico e associação para o tráfico (Lei 11.343/2006).[4] Nessas hipóteses, embora já integralizados os elementos do tipo, enquanto permanecer temporalmente a ação, o agente pode se preso em flagrante. Há situações em que os efeitos do crime são permanentes, isto é, perduram temporalmente, mas resultam de uma conduta única (crimes instantâneos de efeitos permanentes). Essas situações não induzem a perenidade da flagrância, salvo as outras situações previstas em lei.

Todavia, no crime habitual se exige a prática reiterada (elemento normativo do tipo) de uma determinada conduta, de forma sequencial, para que haja crime, até o ponto de dizer-se habitual (manutenção de casa de prostituição e exercício ilegal da medicina, por exemplo).[5] Nesses casos, não se aplica o art. 303 do CPP, mas as situações do artigo anterior.

4.2. Código de Trânsito

Nos delitos praticados na direção de veículo automotor, quando o condutor prestar pronto e integral socorro à vítima, não se imporá a prisão em flagrante. É o que se infere do art. 301 da Lei 9.503/97 (Código de Trânsito Brasileiro). Trata-se de regra especial, na perspectiva da solidariedade, no reconhecimento do outro enquanto ser humano fragilizado pela situação. Nessas hipóteses, o condutor do veículo não pode ser detido em flagrante, ou seja, não se lhe pode dar voz de prisão e nem o conduzir, nessa condição, à Delegacia de Polícia. Com o seu comparecimento, a autoridade policial não lavrará o auto de prisão em flagrante e, na eventualidade de ser confeccionado, não será homologado pelo magistrado. O condutor não pode ser preso em flagrante, mas isso não implica afastamento das demais medidas cautelares pessoais, as quais são decretáveis

mas antes duradouro – também chamado, embora com menor correção, permanente – quando a consumação se prolongar no tempo, por vontade do autor". No mesmo sentido, JESCHECK, Hans-Heinrich. *Tratado de Derecho Penal, parte general.* Granada: Comares, 1993, p. 237, afirma que "*los delitos permanentes y los delitos de resultado cuya efectividad se prolonga un cierto tiempo. En los delitos permanentes el mantenimiento del estado antijurídico creado por la acción punible depende de la voluntad del autor, así que, en cierta manera, el hecho se renueva constantemente*"; V. Também, ROXIN, Claus. *Derecho Penal, parte general,* tomo I. Madri: Civitas, 1997, p. 329, quando assevera que "delitos permanentes son aquellos hechos en los que el delito no está concluido con la realización del tipo, sino que se mantiene por la voluntad delictiva del autor tanto tiempo como subsiste el estado antijurídico creado por el mismo".

4. Segundo a TESE 2 do STJ, sobre a prisão em flagrante, "*o tipo penal descrito no artigo 33 da Lei 11.343/2006 é de ação múltipla e de natureza permanente, razão pela qual a prática criminosa se consuma, por exemplo, a depender do caso concreto, nas condutas de "ter em depósito", "guardar", "transportar" e "trazer consigo", antes mesmo da atuação provocadora da polícia, o que afasta a tese defensiva de flagrante preparado*".

5. Em FIGUEIREDO DIAS, Jorge. *Direito Penal, parte geral,* tomo I. Coimbra: Coimbra Editora, 2004, p. 296.

independentemente do estado de flagrância. O objetivo de vedar a prisão em flagrante é para que o autor, ao prestar o socorro, não seja preso, recolhido ao cárcere. A excepcionalidade é restrita e específica. Trata-se da hipótese em que o condutor presta socorro à vítima, situação impeditiva do flagrante, bem como da exigência de fiança.

4.3. Infrações de menor potencial ofensivo

As infrações penais de menor potencial ofensivo, ou seja, as contravenções penais e os crimes cuja pena privativa de liberdade máxima não superar dois anos são, como regra, de competência dos Juizados Especiais Criminais (art. 61, Lei 9.099/95). Em tal situação há de considerar-se a conexão e a continência (art. 60, parágrafo único, Lei 9.099/95), as formas de concurso de crimes, bem como as causas especiais de aumento e de diminuição de pena. Em se tratando de infração penal de menor potencial ofensivo, o art. 69 da Lei 9.099/95 veda a lavratura do auto de prisão em flagrante, sempre que o flagrado for encaminhado imediatamente ao juizado ou comprometer-se a comparecer em juízo, quando for chamado. Observa-se que o sujeito poderá ser detido em flagrante (receber voz de prisão e ser conduzido a uma Delegacia de Polícia) nas infrações penais de menor potencial ofensivo.

O que se veda é a lavratura do auto de prisão em flagrante, diante do encaminhamento do flagrado ao juizado ou da assinatura do termo de compromisso.[6] Vedada a lavratura do auto de prisão em flagrante, não há que se falar em persistência da prisão em flagrante, em conversão de flagrante em prisão preventiva e nem na aplicação do art. 319 do CPP. Portanto, não tem aplicação o art. 310, II, do CPP.

Nos casos de violência doméstica, o art. 41 da Lei 11.340/06 proíbe, expressamente, a aplicação dos dispositivos da Lei 9.099/95, de modo que cabe, em tese, a prisão e a lavratura do flagrante, independentemente do compromisso e do encaminhamento ao juizado. Aplicam-se, nas situações da violência doméstica os arts. 310, II e 313, III, do CPP.

4.4 Lei Antitóxicos

Na Lei 11.343/06 há duas situações especiais no que tange à prisão em flagrante. Primeiramente, o art. 28 elencou ao usuário, penas diversas da privação da liberdade (advertência sobre os efeitos das drogas; prestação de serviços à comunidade; e medida educativa de comparecimento a programa ou curso educativo). Inexistindo cominação de pena privativa de liberdade, não

---

6. V. GIACOMOLLI, Nereu José. *Juizados Especiais Criminais*. Porto Alegre: Livraria do Advogado Editora, 2009, p. 89 e 90, acerca dessas situações.

cabe mais a lavratura do auto de prisão em flagrante, mesmo quando o flagrado não for imediatamente encaminhado ao juizado ou nas situações em que se negar a assinar o termo de compromisso. O próprio legislador, no art. 48, §§ 2º e 3º, vedou a imposição de prisão em flagrante ao usuário de substâncias entorpecentes proibidas.

A segunda situação, diversa da anterior, refere-se às infrações penais de menor potencial ofensivo dos arts. 33, § 3º e 38 da Lei 11.343/06. Na primeira hipótese (oferecer droga, eventualmente, e sem o objetivo de lucro a pessoa de seu relacionamento, para juntos a consumirem), a pena privativa de liberdade é de seis meses a um ano e na segunda (prescrever ou ministrar, culposamente, drogas, sem que delas necessite o paciente, ou fazê-lo em doses excessivas ou em desacordo com determinação legal ou regulamentar), a pena privativa de liberdade é de seis meses a dois anos. A essas duas infrações se aplica a Lei 9.099/95, no que tange ao flagrante, diversamente do que ocorre com o art. 28 da Lei 11.343/06, embora todas sejam de competência do Juizado Especial Criminal e sigam o procedimento sumariíssimo.

Segundo o art. 50 da Lei 11.343/06, o auto de prisão em flagrante será comunicado, imediatamente ao juiz. Diferentemente da determinação para que no prazo de 24hs haja a intimação do MP, deverá ser designada audiência de custódia no prazo não superior a 24hs, contados da prisão, sob pena de ilegalidade (art. 310, *caput* e § 4º, CPP).[7]

A especificidade é a necessidade, para efeito da lavratura do auto de prisão em flagrante, de laudo que constate a natureza do que foi apreendido, ou seja, averiguação de que a substância ou o produto apreendido são drogas ilícitas (art. 50, § 1º, Lei 11.343/06). Trata-se de um laudo provisório, sem o qual não poderá ser lavrado o auto de prisão em flagrante e nem haver homologação, nos casos de eventual lavratura.[8] Contudo, a demonstração definitiva, exigência à formação de um juízo condenatório, não se contenta com a precariedade do laudo inicial.

A prisão em flagrante não se mantém, mesmo em se tratando dos delitos de tráfico e assemelhados, por si só. Isso porque a prisão em flagrante é uma pré-cautelar, havendo necessidade de representação da autoridade policial ou de pedido das partes para que seja decretada a prisão preventiva ou outra medida cautelar, nos termos do art. 282, § 2º, do CPP.

---

7. Parágrafo quarto suspenso liminarmente, em face da ADINs 6298, 6300 e 6305, até manifestação do plenário do STF.

8. Nos termos da TESE 5 do STJ, acerca da Prisão em Flagrante, "*para a lavratura do auto de prisão em flagrante é despicienda a elaboração do laudo toxicológico definitivo, o que se depreende da leitura do artigo 50, §1º, da Lei 11.343/2006, segundo o qual é suficiente para tanto a confecção do laudo de constatação da natureza e da quantidade da droga*".

4.5 Imunidades funcionais

Segundo previsão constitucional, os membros do Congresso Nacional somente poderão ser presos em flagrante por crime inafiançável (art. 53, § 2º, CF), descabendo a prisão preventiva (imunidade formal). Cabe à respectiva Casa Legislativa manifestar-se sobre a manutenção ou não da prisão em flagrante.[9] Outro caso especial é a do Presidente da República, quem não poderá ser preso, nos crimes comuns, antes de uma sentença penal condenatória (art. 86, § 3º, CF).

Os membros do Ministério Público (Lei 8.625/93, art. 40, III - Lei Orgânica do Ministério Público)[10] e os magistrados (Lei Complementar n. 35/79, art. 33, II - LOMAN)[11] somente poderão ser presos em flagrante delito por crime inafiançável. O encaminhamento dos membros do MP à própria instituição não excepciona o controle jurisdicional sobre o flagrante, das demais medidas cautelares e da decretação da prisão preventiva ou de outras medidas cautelares, somente a pedido, não *ex officio*.

Além das imunidades processuais, os agentes diplomáticos e seus familiares não poderão ser detidos em flagrante. Já os agentes consulares não poderão ser presos em flagrante quando o delito for praticado no exercício de suas funções.[12] Há algumas formalidades a serem observadas, em se tratando dessas

---

9. V. ADIN 5526/DF, rel. Min. Alexandre de Moraes, *DJe* de 07/08/2018, quando o STF decidiu não ser possível prender em flagrante membro do Congresso Nacional, salvo por crime inafiançável. Contudo, poderiam ser aplicadas medidas cautelares diversas, prevista no art. 319 do CPP, na medida em que se objetiva manter o livre exercício do mandato.

10. Art. 18. São prerrogativas dos membros do Ministério Público da União: II - processuais: d) ser preso ou detido somente por ordem escrita do tribunal competente ou em razão de flagrante de crime inafiançável, caso em que a autoridade fará imediata comunicação àquele tribunal e ao Procurador-Geral da República, sob pena de responsabilidade. Art. 40. Constituem prerrogativas dos membros do Ministério Público, além de outras previstas na Lei Orgânica: III - ser preso somente por ordem judicial escrita, salvo em flagrante de crime inafiançável, caso em que a autoridade fará, no prazo máximo de vinte e quatro horas, a comunicação e a apresentação do membro do Ministério Público ao Procurador-Geral de Justiça.

11. Art. 33 - São prerrogativas do magistrado: II - não ser preso senão por ordem escrita do Tribunal ou do órgão especial competente para o julgamento, salvo em flagrante de crime inafiançável, caso em que a autoridade fará imediata comunicação e apresentação do magistrado ao Presidente do Tribunal a que esteja vinculado.

12. Segundo o art. 41 da Convenção de Viena de 1963, aprovada pelo Decreto 61.078/67: 1. Os funcionários consulares não poderão ser detidos ou presos preventivamente, exceto em caso de crime grave e em decorrência de decisão de autoridade judiciária competente. 2. Exceto no caso previsto no parágrafo 1º do presente artigo, os funcionários consulares não podem ser presos nem submetidos a qualquer outra forma de limitação de sua liberdade pessoal, senão em decorrência de sentença judiciária definitiva. 3. Quando se instaurar processo penal contra um funcionário consular, este será obrigado a comparecer perante as autoridades competentes. Todavia, as diligências serão conduzidas com as deferências devidas à sua posição oficial e, exceto no caso previsto no parágrafo 1º deste artigo, de maneira a que perturbe o menos possível o exercício das funções consulares. Quando, nas circunstâncias previstas no parágrafo 1º deste artigo, for necessário decretar a prisão preventiva de um funcionário consular, o processo correspondente deverá iniciar-se sem a menor demora.

especialidades: o auto de prisão em flagrante deverá ser encaminhado à respectiva Casa Legislativa (parlamentar); o membro do MP deverá ser apresentado ao Procurador-Geral da Justiça ou da República; o magistrado será apresentado ao Presidente do respectivo Tribunal.

Das Convenções de Viena sobre Relações Diplomáticas (1961) e consulares (1963), advêm a imunidade diplomática. Assim, não poderão ser presos em flagrante os chefes de Estado e os representantes de governos estrangeiros. A referida imunidade se aplica a todos os delitos, ressalvada a renúncia do Estado acreditante (aquele que envia) e se estende aos agentes diplomáticos, pessoal técnico-administrativo das representações, seus familiares e aos funcionários de organismos internacionais.

5. Falsos flagrantes: "*forjado*" e "*provocado*"

Várias são as situações em que a doutrina tradicional costuma atribuir o *nomen juris* de flagrante a situações que, na realidade, não constituem uma situação de flagrância, devido ao *iter* ilícito percorrido para flagrar o sujeito cometendo um delito. Não são flagrantes.

Um agente policial, sabendo que determinado sujeito é traficante, mas não conseguindo demonstrar a sua atividade ilícita, em uma barreira policial, ao proceder a revista do veículo, deixa cair um invólucro contendo cocaína, junto ao assento traseiro. Com isso, o agente fabricou uma situação fática que não existia no interior do veículo, manipulando a realidade, com o objetivo de incriminar o condutor do veículo, possibilitando a sua detenção em flagrante (artificialidade). Por isso se diz que se trata de flagrante forjado. Não existe, legalmente, a situação de flagrância. Trata-se de ilegalidade, de flagrante ilegal, de constrangimento ilegal.

Quando o agente optar por uma estratégia diversa, criando laços de proximidade com o sujeito que pretende flagrar, precipitando o estado de flagrância, mormente pela utilização de metodologia ilícita e de forma insidiosa, induzindo a situação, não subsiste, como regra, o flagrante (devem ser analisados os desdobramentos das condutas). Portanto, o sujeito induziu o agente à prática de um delito. Também é denominado de falso flagrante, de flagrante ilegal. Na doutrina penal, tal situação se amolda ao art. 17 do CP (não se pune a tentativa quando, por ineficácia absoluta do meio ou por absoluta impropriedade do objeto, é impossível consumar-se o crime). Mais precisamente, se trata de "*delito putativo por obra de agente provocador*", de "*crime de ensaio*". Por isso, não há crime. Assim sumulou o STF (Súmula 145: não há crime quando a preparação do flagrante pela Polícia torna impossível a sua consumação).[13]

---

13. Duas situações introduzidas pela Lei 13.964/2019 poderão caracterizarem-se como crimes

Embora seja possível diferenciar as situações de indução, da preparação meticulosa do *iter criminis* (bem jurídico não é colocado em risco ou perigo), a consequência é a mesma, ou seja, de incidência do art. 17 do CP e da Súmula 145 do STF.[14]

6. Situações *sui generis*: vigilância e acompanhamento

Quando a autoridade policial passa a vigiar o local onde provavelmente está sendo/será praticado um delito (permanece de tocaia), aguardando o momento propício para deter o sujeito em flagrante (espera), estaremos diante do que se denomina de *"flagrante esperado"*.[15] Em tais situações, quando não houver indução, provocação e nem preparação da situação (crime impossível), não há ilegalidade e nem ilicitude. A espera pode ocorrer, inclusive, após monitoramento, via interceptação telefônica autorizada judicialmente. Há flagrante e prática de crime. No flagrante esperado também se enquadra a situação em que o agente é surpreendido pela autoridade policial, quando já consumado o delito, sempre que não tenha havido indução à prática da infração criminal. Essa é uma especialidade a ser verificada em cada situação concreta.

A lei autoriza, nas ações praticadas por organizações criminosas (arts 3°, III, 8º e 9°, Lei 12.850/2013), a denominada "*ação controlada*", ou seja, o retardamento da ação policial, inclusive para deter em flagrante ("*flagrante retardado*"). Contudo, sempre que mantida a observação e o acompanhamento da situação de flagrância, na perspectiva da concretização posterior (diferido). A hipótese busca maior eficácia do ponto de vista informativo e probatório (maior número de agentes, agente principal, maior quantidade de droga, bens e petrechos, descoberta de ramificações e de outros delitos, facilidade da detenção, etc.).[16]

impossíveis, em razão do flagrante provocado. A primeira consta no art. 17, § 2°, da Lei 10.826/2003 - venda de arma a agente "*policial disfarçado*". A segunda, integra o art. 33, IV, da Lei 11.343/2006, como a venda ou entrega de droga a "*policial disfarçado*". O STJ, ao estabelecer as teses acerca da prisão em flagrante, na TESE 1 a, ratificou a aplicação da Súmula 145 do STF, *verbis*: "*não há crime, quando a preparação do flagrante pela polícia torna impossível a sua consumação. (Súmula 145/STF)*"

14. A doutrina tradicional e as decisões dos Tribunais consideram legal a prisão em flagrante quando o tipo penal é composto de vários elementos normativos que, separadamente, integram o tipo. É o caso do art. 33 da Lei 11.343/2006. Em situações tais, a conduta preparatória de um elemento normativo (agente policial encomenda droga para consumo próprio) não atinge o outro (trazer consigo). Embora a venda tenha sido objeto de preparação, o trazer consigo não. Questionável a situação, diante da derivação contaminante dos elementos normativos típicos.

15. Segundo a TESE 3 do STJ, sobre a prisão em flagrante, "*no flagrante esperado, a polícia tem notícias de que uma infração penal será cometida e passa a monitorar a atividade do agente de forma a aguardar o melhor momento para executar a prisão, não havendo que se falar em ilegalidade do flagrante*".

16. Segundo a TESE 4 do STJ, sobre a prisão em flagrante, "*no tocante ao flagrante retardado ou à ação controlada, a ausência de autorização judicial não tem o condão de tornar ilegal a prisão*

Um dos problemas do denominado flagrante diferido, postergado ou retardado, é a ausência de mecanismos de controle de sua necessidade e temporalidade, ademais de ser necessário o controle da legalidade pelo MP e pelo juiz de direito. Não se trata de uma nova modalidade de prisão em flagrante, mas apenas de uma autorização legal para que a autoridade policial deixe de fazer o que determina a lei (prender em flagrante). A situação de flagrância existe, mas a lei autoriza um *non procedatur* condicionado. Dependendo do crime controlado, as circunstâncias fáticas poderão desautorizar a lavratura do flagrante (falha na previsibilidade). Evidenciada a situação mais eficaz, o flagrante se perfectibiliza pela situação do momento da voz de prisão, abarcando a anterior somente quando a consumação se prolonga no tempo (crime permanente, por exemplo).

A Lei 11.343/06, em seu art. 53, II, também autoriza a não atuação policial sobre os portadores de drogas, seus precursores químicos ou outros produtos utilizados em sua produção, que se encontrem em território brasileiro, com a finalidade de identificar e responsabilizar um maior número de integrantes de operações de tráfico e distribuição, sem prejuízo da ação penal cabível. Nessa situação poderá ser enquadrada a autorização judicial para que não seja detido em flagrante determinado agente. Nas hipóteses da lei de tóxicos, há exigência expressa de manifestação do Ministério Público e do magistrado.

7. Formalidades constitucionais e legais

Podemos dividir as formalidades do auto de prisão em flagrante em constitucionais e legais ou próprias, bem como as específicas. Entre as formalidades constitucionais inserem-se a necessidade de informação do flagrado de seus direitos, nos termos do art. 5º, LXII, da CF: comunicação da prisão ao juiz, à familiar ou à pessoa indicada pelo flagrado (igual disposição contém o art. 306 do CPP, qual inclui o MP); art. 5º, LXIII, da CF: cientificação de seu direito de permanecer calado; Art. 5º, LXIV, da CF: identificação dos responsáveis pela prisão e pela tomada das declarações; art. 5º LV, da CF: garantias do contraditório e da ampla defesa, mesmo em se tratando de procedimento administrativo (presença e efetividade da defesa, com possibilidade de perguntar, inclusive presença de defensor).[17]

em flagrante postergado, vez que o instituto visa a proteger o trabalho investigativo, afastando a eventual responsabilidade criminal ou administrava por parte do agente policial".

17. V. RHC 61959/ES, rel. Min. Maria Theresa Assis Moura, *DJe* 04/12/2015, onde o STJ assentou bastar a informação ao flagrado de que possui o direito de ser assistido por advogado, não gerando nulidade a sua ausência. Na TESE 6 do STJ, acerca da prisão em flagrante, constou *"eventual nulidade no auto de prisão em flagrante devido à ausência de assistência por advogado somente se verifica caso não seja oportunizado ao conduzido o direito de ser assistido por defensor técnico, sendo suficiente a lembrança, pela autoridade policial, dos direitos do preso previstos no artigo 5º, LXIII, da Constituição Federal".*

Nas formalidades legais ou próprias (art. 304, CPP) se inserem a competência dos responsáveis pela prisão (autoridade policial, juiz de direito - art. 307 do CPP, agentes florestais - Lei 4.771/65, deputados ou senadores - Súmula 397 do STF, por exemplo); a consignação de ter sido dada voz de prisão; a qualificação e o depoimento imediato do condutor; as declarações das testemunhas da infração (não havendo, as testemunhas da apresentação); a possibilidade de declaração do flagrado, precedida da cientificação do direito de permanecer calado; a lavratura do auto, com a assinatura do flagrado, testemunhas e autoridades policiais; a cientificação imediata ao juiz de direito, ao MP,[18] à família do preso ou à pessoa por ele indicada, da prisão e do local onde foi recolhido; a expedição e entrega da nota de culpa ao flagrado, para que saiba os motivos da prisão (art. 306, § 2º, CPP); o encaminhamento do auto de prisão em flagrante, imediatamente, ao Juiz de Direito (art. 306, § 1º, CPP), com cópia à Defensoria Pública, quando o flagrado não informar o nome de seu advogado (art. 306, § 1º, CPP). A Lei 13.245/2016 alterou o art. 7º do Estatuto da Ordem dos Advogados (Lei 8.906/1994), especificamente o inciso XIV, de modo a autorizar que o advogado examine os autos de flagrante e de investigações, podendo copiar peças e tomar apontamentos, em meio físico ou digital, bem como o inciso XXI, determinando, sob pena de nulidade absoluta do depoimento ou interrogatório e de todos os elementos investigatórios e probatórios daí decorrentes, caso não tenha havido a presença de advogado. O advogado poderá apresentar razões e quesitos. Exige-se a procuração quando os autos estiverem sob sigilo (art. 7º, § 10), havendo restrições no que tange às diligências em andamento e ainda não documentadas nos autos (§11).

Em algumas situações, se exige formalidade adicional: nas infrações penais de menor potencial ofensivo, exceto o caso do art. 28 da Lei de 11.343/06, a lavratura do auto depende da negativa de assinatura do termo de compromisso;[19] nos delitos praticados na condução de veículo automotor se faz necessário averiguar a existência de socorro à vítima pelo autor da infração (art. 301, 9.503/97);[20] nos delitos de tóxicos, há necessidade da existência do laudo provisório, constatando a natureza da droga apreendida (art. 50, § 1º, Lei 11.343/2006).[21]

Em se tratando de infrações processáveis por ação penal privada ou mediante ação penal pública condicionada à representação, quando cabível a prisão em flagrante, se faz necessária a manifestação do interessado e legitimado, dentro da situação de flagrância. Sem a manifestação ou representação, o preso se

---

18. No âmbito da Justiça Federal de primeiro grau, o art. 67 da Lei 5.010/66 já determinava que a autoridade policial remetesse, em vinte e quatro horas, uma cópia do auto de prisão em flagrante ao Procurador da República atuante junto ao Juiz competente para o procedimento criminal.

19. V. itens 4.3 e 4.4 retro.

20. V. item 4.2 retro.

21. V. item 4.4 retro.

livra solto, sem nenhuma espécie de constrição. Isso se infere de uma leitura integradora do art. 5º, §§ 4º e 5º, do CPP, o qual contempla as condições para a autoridade policial instaurar o inquérito policial nos casos de ação penal pública condicionada à representação e nas hipóteses de ação penal privada.

O militar que for flagrado cometendo um delito será recolhido ao quartel da respectiva instituição e não ao local onde são levados os demais flagrados (art. 306, CPP).

Não observadas as garantias constitucionais, legais e específicas, a prisão será ilegal e o auto de prisão em flagrante não poderá ser homologado. Em face disso, nos termos do art. 310, I, do CPP, a prisão deverá ser relaxada. O flagrante ilegal não se convalida, embora o MP possa pedir a decretação da prisão preventiva e de outras medidas cautelares. A legalidade será examinada, no máximo 24hs a partir da prisão, em audiência de custódia, nos termos do art. 310 do CPP, redação dada pela Lei 13.964/2019. Não realizada, o efeito legal é o relaxamento da prisão, podendo o Ministério Público requerer a prisão preventiva (art. 310, § 4º, CPP).

8. Opções da autoridade policial diante do flagrante

É certo que a autoridade policial se pauta pelo princípio da legalidade e não poderá deixar de elaborar o auto de prisão em flagrante. Porém, a obrigatoriedade não é absoluta e a tutela do direito de liberdade ocupa patamar superior. Não havendo situação de flagrância, não demonstrada a autoria, sendo atípico fato, por exemplo, a autoridade policial não está compelida a lavrar o auto de prisão em flagrante e, estando este em curso, poderá encerrá-lo. Discutem-se os limites do juízo acerca do fato e da situação jurídica, a ser feito pela autoridade policial. Este se restringe ao juízo de autoria, existência da infração criminal e da tipicidade, não podendo lavrar o auto de prisão em flagrante por fatos atípicos. Até aqui, reina certo consenso. E no que tange à ilicitude e culpabilidade? Parte-se da exigência de reserva judicial; porém, não de forma absoluta, na medida em que, plasmadas a licitude da conduta ou outras excludentes legais, a autoridade policial também deverá optar pela tutela da liberdade, valor que se sobrepõe à legalidade formal. A legalidade estrita poderá determinar a lavratura do auto de prisão em flagrante e o recolhimento ao cárcere por um delito onde não caiba a prisão em flagrante. São os casos limítrofes entre tráfico (cabe a lavratura) e uso próprio (não cabe o flagrante); entre homicídio doloso ou culposo na direção de veículo automotor, por exemplo. É insofismável ser da autoridade policial o primeiro juízo acerca do fato, sem prejuízo de entendimentos contrários do MP e da autoridade judiciária. Porém, se faz necessário romper com a concepção do recolhimento imediato ao cárcere pelo fato do cometimento de um ilícito criminal.

Do art. 304, § 1º, do CPP se infere que a autoridade policial, após a lavratura do auto de prisão em flagrante, deverá recolher o flagrado ao cárcere, exceto quando não couber a prisão, ou seja, quando o flagrado "*se livrar solto*" ou pagar fiança. Com a nova sistemática, lavrado o auto de prisão, o flagrado se livra solto, imediatamente, quando pagar a fiança arbitrada ou nas situações em que não couber a prisão preventiva.

O auto de prisão em flagrante deverá ser remetido imediatamente à autoridade judiciária e não no prazo de 24hs, na medida em que a nova redação dada ao art. 310 do CPP, pela Lei 13.964/2019, obriga o magistrado a realizar a audiência de custódia em até 24hs após a prisão. Portanto, o auto de prisão em flagrante deverá ser encaminhado imediatamente após a sua lavratura, à autoridade judicial e órgão competentes (juizado de plantão, vara de inquéritos, distribuição normal ou juizado de garantias, uma vez implementado - art. 3º-B, II, CPP).

Nos termos da CADH, o sujeito detido deve ser conduzido, "*sem demora*", ao magistrado,[22] para que resolva o problema do recolhimento ao cárcere por flagrantes ilegais ou nas hipóteses onde não há exigência de cautelaridade máxima (prisão preventiva). Todavia, na práxis forense, até o advento da Lei 13.964/2019, se verificava que o flagrado era conduzido ao cárcere e seria ouvido por um juiz, como regra, no final do procedimento, às vésperas de uma sentença penal. Com a introdução da audiência de custódia, o preso deverá ser ouvido por uma autoridade judiciária no prazo máximo de 24 horas depois de sua detenção em flagrante. Apesar dos avanços na defesa das liberdades, com a introdução em nosso ordenamento jurídico do juiz das garantias e da audiência de custódia, ainda se manteve o encarceramento preventivo antes de o flagrado ser ouvido pela autoridade judicial. A efetividade da defesa da liberdade se perfectibilizaria com a apresentação do flagrando ao juiz e não ao carcereiro. O Poder Judiciário há de estruturar-se para que a autoridade policial apresente o flagrando ao juiz, imediatamente.

9. Opções do juiz diante da prisão em flagrante

Primeiramente, está afastada a possibilidade de o juiz simplesmente homologar o auto de prisão em flagrante e deixar o sujeito preso, sem ouvi-lo em audiência de custódia. O flagrante pode deter por si só, mas não mantém o sujeito preso, mesmo nas hipóteses em que a lei veda a liberdade provisória ou a fiança (natureza jurídica diversa), por mais de 24 horas (art. 310, CPP). Uma interpretação constitucional e convencional do art. 310, *caput* e de seu parágrafo único, do CPP, mesmo antes da Lei 12.403/2011, permitia a justifi-

---

22. Art. 7.º. 5. "*Toda pessoa presa, detida ou retida, deve se conduzida, sem demora, à presença de um juiz.....*"

cação do esgotamento funcional do flagrante, em si mesmo, tendo sido preciso que o Conselho Nacional da Justiça interviesse para que a normatividade fosse observada.[23] Agora, é a própria lei ordinária que determina o cumprimento da ordem constitucional e convencional, o que pode ser observado pelas modificações introduzidas pela Lei 13.864/2019 (mesmo assim, a moldura forjada na concepção medieval e totalitária tardará a ser transposta e continuará laborando nas sombras de seus fantasmas, muito em face da crença no encarceramento redentor e na relação simbiótica entre o exercício do poder e a dominação da decisão, a qual, segundo Weber, pode ser dar pela lei, pela tradição ou pelo apoio popular).

O art. 310, II, do CPP, há de ser lido na perspectiva do art. 282, § 2°, do CPP, qualquer prisão processual, qualquer medida cautelar, dependerá de representação da autoridade policial ou de pedido das partes, não se constituindo o contido no auto de prisão em flagrante, em representação implícita pela prisão preventiva; trata-se de ato certificatório da situação de flagrância e não de representação. Ademais, do art. 3°-A, introduzido pela Lei 13.964/2019, embora com vigência suspensa, em face de liminar do STF, pretende que os aplicadores do direito cumpram a CF e a CADH, fazendo uma leitura constitucional, convencional, na perspectiva dos avanços científicos de uma processo penal do Séc. XXI e não do medievo. Portanto, a prisão oriunda do flagrante mantém o sujeito preso por 24hs, prazo no qual há de realizar-se a audiência de custódia e averiguada a sua situação. Simplesmente converter a prisão em flagrante em prisão preventiva, independentemente de pedido do MP, é decretar a medida cautelar sem representação ou de pedido das partes. Como dito,[24] o auto de prisão em flagrante não contém representação implícita pela prisão preventiva. A natureza jurídica da representação à autoridade policial instaurar o inquérito policial ou ao MP oferecer a denúncia (uma verdadeira condição de procedibilidade) é diversa da representação da autoridade policial pela decretação da prisão preventiva, a qual se aproxima de um ato postulatório e deverá ser explícita. Não há como inferir a certificação de uma situação de flagrância com a manifestação jurídica da autoridade policial da necessidade da prisão preventiva. Com isso, não se pode afastar que a autoridade policial, ao encaminhar o auto de prisão em flagrante a juízo, não represente, no mesmo expediente, pela prisão preventiva.

---

23. O Conselho Nacional de Justiça (CNJ), antes mesmo da Lei 12.403/2011, através da Resolução n. 66 estabeleceu que ao receber o auto de prisão em flagrante, o juiz deverá, imediatamente, ouvido o MP nas hipóteses legais, fundamentar sobre: a concessão de liberdade provisória com ou sem fiança, quando a lei admitir; a manutenção da prisão, quando presentes os pressupostos da prisão preventiva, sempre por decisão fundamentada e observada a legislação pertinente; ou relaxamento da prisão ilegal.

24. V. cap. I, item 10, acerca de não constituir a lavratura do auto de prisão em flagrante em um representação criminal e nem a constituir, de forma implícita.

Ao receber o auto de prisão em flagrante, o juiz de direito há de considerar já terem sido cientificados da lavratura do auto de prisão em flagrante, o MP (art. 306, CPP), a defesa técnica (art. 306, § 1º, CPP). Também, há de considerar atuar o MP *ex officio* (oficialidade e exclusividade do *ius ut procedatur*). O trâmite é o legal e o prazo de encaminhamento do flagrante decorre de lei, motivo por que não há surpresa a ser evitada com a intimação formalizada em juízo, para a audiência de custódia. Com a cientificação imediata da prisão ao MP (art. 306, CPP), se preserva a exigência constitucional de instituição essencial à função jurisdicional (art. 127, CF).

Com o recebimento do auto de prisão em flagrante, o juiz agirá imediatamente, em face do direito de liberdade e a apreciação da legalidade da prisão reclama imediatidade (art. 5º, LXV, CF). Não se faz mister a invocação da CF ou de Diplomas Internacionais para argumentar não poder mais o magistrado decretar *ex officio* a prisão preventiva ou quaisquer medidas cautelares. Isso resulta claro pela nova redação dada ao art. 282 e seus parágrafos, do CPP, pela Lei 13.964/2019. A atuação jurisdicional é de controle da legalidade da prisão em flagrante e da presença ou não dos requisitos da prisão preventiva (manutenção ou não da prisão já efetuada).

A partir da Lei 13.964/2019, ao receber o auto de prisão em flagrante, o magistrado deverá designar audiência de custódia, cientificando o MP, defensor ou a Defensoria Pública, quando o flagrando não tiver advogado constituído. Nesta audiência, após ouvir o flagrando, o MP e a defesa, o magistrado decidirá acerca da prisão ou da liberdade do flagrado, possuindo várias alternativas:

a) relaxar a prisão quando não preencher os requisitos legais (não entrega de nota de culpa, por exemplo) e determinar a soltura do preso, salvo se houve requerimento pela decretação a prisão e exigência cautelar máxima;

b) verificar se não é hipótese de vedação de lavratura do flagrante (infrações criminais de menor potencial ofensivo, uso e não tráfico de drogas, prestação de socorro à vítima nos delitos na direção de veículo, por exemplo), oportunidade em que o flagrado será posto em liberdade, sem qualquer restrição;

c) homologar o auto de prisão em flagrante, pois preenchidos os requisitos legais e conceder a soltura do flagrado (liberdade plena), na ausência de exigência de cautelaridade, mesmo sem fiança;

d) conceder a liberdade provisória, mediante condições (art. 310, § 1º, e 321 do CPP);

e) conceder a liberdade provisória, com fiança (art. 310, III, CPP).

Quando o flagrado não tiver condições de pagar a fiança, a situação é equiparável à liberdade sem restrições;

f) conceder a liberdade e aplicar outra medida cautelar, desde que haja pedido expresso (arts. 310, II e 321, *in fine*, do CPP);

g) decretar a prisão preventiva, diante do pedido do MP, preenchidos os requisitos dos arts. 310 a 315 do CPP;

h) substituir a prisão preventiva pela prisão domiciliar, nas hipóteses do art. 318 do CPP.

Qualquer das alternativas tomadas pelo juiz obedecerá a axiologia das medidas cautelares, mormente a motivação e a fundamentação, a presunção de inocência, a reserva legal, o contraditório, a proporcionalidade e o recolhimento ao cárcere nos casos de extrema necessidade, diante da ausência de alternativas. Na audiência de custódia se potencializam a ampla defesa e o contraditório, bem como a oralidade no processo penal.

Com o advento da Lei 13.964/2019, não subsiste a conversão *ex officio* da prisão em flagrante em prisão preventiva ou com aplicação de outras medidas cautelares ou contracautelas.[25]

10. Relaxamento da prisão em flagrante

Segundo o art. 5º, LXV, da CF, a prisão ilegal será imediatamente relaxada pela autoridade judiciária. Isso se aplica a todas as modalidades de prisão, na medida que dois são os requisitos ao relaxamento: prisão e ilegalidade. A consequência do relaxamento é o retorno do flagrado à condição de liberdade plena, em razão da presunção de inocência, salvo a existência de representação da autoridade policial ou de requerimento do Ministério Público à decretação da prisão preventiva ou de outras medidas cautelares, cuja tramitação seguirá o procedimento contraditório, ressalvados os casos de urgência ou de perigo de ineficácia da medida (art. 282, § 3º, CPP).

A prisão decorrente da situação de flagrância é ilegal quando não forem preenchidos os requisitos constitucionais e legais, genéricos e específicos de todo o *iter* da prisão em flagrante, desde a detenção até o esgotamento das formalidades de encaminhamento ao juiz, com todas as cientificações exigíveis.[26]

Segundo a Lei 13.964/2019, a prisão em flagrante também ingressará na ilegalidade quando o juiz não realizar a audiência de custódia no prazo de 24 horas, contado do dia em que o flagrado foi preso (art. 310, § 4º, CPP). Não

25. V. cap. I, item 10, acerca da vedação da decretação da prisão sem representação da autoridade policial ou pedido das partes.

26. V., neste capítulo, especialmente o item 7.

havendo pedido do MP, de prisão preventiva e nem de aplicação de medidas constritivas do art. 319 do CPP ou de fiança, o juiz não poderá decretá-las de ofício, devendo o flagrado ser posto em liberdade (livra-se solto sem obrigações). Portanto, desde a Lei 13.964/2019, ao juiz é vedado converter, automaticamente, a prisão em flagrante em preventiva ou aplicar outras medidas constritivas. Para que fosse potencializado o contraditório, o direito à audiência, bem como a oralidade, a sanção pela não realização da audiência ou pela ausência do órgão acusador deveria ser a ilegalidade da prisão e a soltura do flagrando, com vedação de requerimento da prisão preventiva ou da aplicação de outras medidas, salvo na superveniência de fatos novos.

CAPÍTULO V

LIBERDADE PROVISÓRIA

1. Considerações iniciais

Segundo o art. 5º, LXVI, da CF, ninguém será levado à prisão ou nela mantido, quando a lei admitir a liberdade provisória, com ou sem fiança. E, nos termos do art. 7º.5 da CADH, a liberdade provisória ocupa a posição de direito fundamental. Parte-se da liberdade como regra e da prisão como exceção, salvo a determinação de recolhimento ao cárcere, após o trânsito em julgado de uma sentença penal condenatória. Nessa perspectiva, o art. 282, §§§ 3º,4º e 6º do CPP situa a prisão como a derradeira alternativa judicial, "*em último caso*", na dicção legal. Quando se refere "*liberdade provisória*", parte de um juízo prévio acerca da existência de uma restrição, de constrangimento originário da prisão em flagrante. Isso porque a prisão em flagrante e a preventiva e **não** a liberdade abarcam situações provisórias, precárias, constrangedoras. O sujeito gozava de liberdade e foi preso; depois disso é que se pode dizer que se trata de liberdade provisória. Provisória porque poderá ser preso pela situação da qual se livrou, sempre que houver obrigações impostas o descumprimento poderá conduzir à revogação da liberdade, mas não quando se livra solto sem fiança ou sem nenhuma restrição.

Assim, a liberdade provisória decorre de uma situação prévia de prisão em flagrante. Por isso, apesar da nomenclatura "*liberdade provisória*", se constitui em uma medida alternativa ao recolhimento ao cárcere, evitando a decretação da prisão preventiva ou a imposição de outra medida cautelar. Aí reside a sua funcionalidade. O ato do juiz de direito, homologatório do auto de prisão em flagrante e que, após pedido do MP, decretar a prisão preventiva, **é** passível de habeas corpus, com o escopo de obter a liberdade plena, a provisória, ou alguma alternativa legal, como a aplicação do art. 319 do CPP. Quando se tratar de decreto de prisão preventiva, e não mais subsistirem os seus pressupostos, esta será revogada e a situação da liberdade não é mais provisória, mesmo que sobrevenham exigências de cautelaridade. Nesses casos se faz mister um novo decreto de prisão, com todos os seus pressupostos e requisitos.

2. Liberdade "provisória" sem fiança

Cabe a liberdade provisória sem fiança, em algumas situações peculiares. A primeira delas quando o juiz verificar ter o flagrado agido ao abrigo de alguma excludente de ilicitude (art. 23, CP), nos precisos termos do art. 310, § 1º, do CPP. Essa situação é extensível às causas supralegais de exclusão de ilicitude e às de culpabilidade. Nesses casos, a liberdade ocorre mediante compromisso de comparecimento a todos os atos processuais, sob pena de revogação. Portanto, persiste uma exigência de acautelamento, mas de menor potencialidade. A essa modalidade de liberdade provisória não se agregam outras obrigações.

Outra hipótese consta no art. 321 do CPP, ou seja, quando não estiverem presentes os requisitos autorizadores da prisão preventiva e houver exigência cautelar, o juiz imporá quaisquer das medidas cautelares constantes no art. 319 do CPP. Não havendo a referida exigência, a liberdade será plena, sem nenhuma obrigação.

A terceira hipótese de liberdade provisória ocorre nas situações em que o flagrado não dispõe de condições econômicas para honrar a valor arbitrado (art. 350, CPP). Em casos tais, se aplicam as condições dos arts. 327 e 328 do CPP. Poderão ser agregadas outras medidas constantes no art. 319 do CPP.

3. Liberdade provisória mediante fiança

A partir da Lei 12.403/2011, temos duas espécies de fiança: a) a utilizada para que o flagrado se livre solto, a qual poderá ser arbitrada pela autoridade policial (pena de prisão máxima não superior a quatro anos - art. 322 do CPP) ou pelo juiz (art. 350 do CPP), salvo nas hipóteses vedadas pela CF, pelo CPP e pelas leis especiais; e b) a medida cautelar autônoma (art. 319, VIII, CPP), cabível até o trânsito em julgado da sentença penal condenatória (art. 334, CPP). A inafiançabilidade do delito não veda o relaxamento do flagrante e nem a concessão da liberdade plena, da liberdade provisória e da fixação de outras medidas cautelares.

A fiança, na modalidade de cautelar, pode ser aplicada de forma autônoma ou ser acompanhada de outra medida (art. 319, § 4º, CPP). Todavia, com a nova configuração da fiança, o risco é de tributação do ilícito, de sua aplicação desvinculada das exigências de cautelaridade e do sistema processual. Ademais, a fiança não é um tributo e nem uma taxa, de modo que o valor deverá ser depositado em uma instituição bancária à ordem do juízo, na medida em que poderá haver decisão de devolução, a qual deverá ser imediata. O recolhimento definitivo se justifica após o trânsito em julgado da decisão. Outro risco é de a fiança ser aplicada para livrar do cárcere os mesmos de sempre, ou seja, os que foram convidados ao banquete no Olimpo (os excluídos do cárcere). A fiança em dinheiro se ofusca com a compra da liberdade. Por isso, os objetos dados em fiança cumprirão melhor e de forma mais adequada, a finalidade cautelar.

3.1 Funcionalidade

A fiança cumpre uma funcionalidade de exigência cautelar geral (como as demais medidas cautelares), mas com a especificidade de vinculação do imputado ao processo (comparecimento) e sua utilização para satisfazer resultados econômicos advindos do feito (custas processuais, indenização do dano, pagamento da pena pecuniária ou da multa). No entanto, o disposto no parágrafo único do art. 336 do CPP há de ser interpretado em suas limitações de exigibilidade, quando for o caso de extinção da punibilidade. Todavia, é inegável que o controle processual sobre o imputado e o processo, com o pagamento da fiança, são menores, uma vez comparado com a prisão preventiva e com as outras medidas cautelares.

De exigência para ser concedida a liberdade provisória, após a homologação do auto de prisão em flagrante, a fiança assumiu o *status* de cautelar autônoma, com diversas funções: tutelar a prova e o processo (art. 319, VIII, CPP), manter o recorrente solto e garantir a incidência da potestade punitiva, de forma isolada ou cumulativa com outra medida cautelar. Todavia, exigir fiança porque houve resistência injustificada à ordem judicial se desvincula de sua funcionalidade cautelar, cuja fixação representará penalidade processual.

3.2 Arbitramento e incidentes na fiança

Os parâmetros à fixação da fiança se encontram no arts. 325 e 326 do CPP. Há que ser observada a potencialidade da exigência de cautela (natureza e circunstâncias da infração, conduta do autor do fato), as condições de pagamento e a estimativa de custas processuais. Os valores não poderão atingir cifras insuportáveis, de tal modo a representar confisco patrimonial dos suspeitos (mil vezes duzentos salários-mínimos, ou seja, mais de cem milhões de reais, nas hipóteses de arbitramento judicial e mais de cinquenta milhões de reais nas situações de arbitramento pela autoridade policial. Todavia, caso o sujeito não dispuser de condições para efetuar o pagamento, a fiança deverá ser *dispensada* (art. 350 do CPP), e o preso liberado, mediante condições ou outras medidas cautelares. Em se tratando de aplicação de alguma cautelar alternativa do art. 319 do CPP, a falta de condições de pagamento da fiança para que o sujeito se livrasse solto, indica não ser adequada a fiança como cautelar, ao caso concreto, aplicando-se o art. 282, II, do CPP. Em tais situações, quando já concedida, deverá ser *substituída* por outra medida cautelar mais adequada. Na dinâmica processual, a situação concreta poderá alterar a exigência de cautelaridade, em razão da insubsistência da fiança, do que foi dado em garantia, e da modificação da imputação, ocasião em que é exigível um *reforço* na fiança, nos termos do art. 340 do CPP.

Incabível a fiança (delitos inafiançáveis, por exemplo), esta deverá ser *cassada*, cuja consequência é a devolução dos valores ou do que foi dado em garantia, mas não necessariamente ocorrerá a prisão preventiva (v. arts. 338 e 339, CPP). Porém, poderá haver exigência cautelar. As hipóteses de *quebramento* da fiança estão previstas no art. 341 do CPP, cuja consequência é a perda da metade do valor da fiança (art. 343, CPP), sem prejuízo da decretação de outras medidas cautelares, inclusive a prisão preventiva (última delas). Nesses casos, feitas as deduções legais referentes às custas e aos demais encargos, o restante será recolhido ao fundo penitenciário, na forma da lei (art. 346 do CPP). Absolvido o réu ou declarada extinta a ação penal, a fiança deverá ser *restituída* (art. 337 do CPP). Condenado o réu, a fiança servirá para pagar as custas processuais, a indenização do dano, a prestação pecuniária e a multa (art. 336, CPP), independentemente de ocorrer a prescrição, após o trânsito em julgado de uma sentença penal condenatória. Todavia, quando o condenado não se apresentar para cumprir a pena imposta, considerar-se-á *perdida* a fiança (art. 345, CPP).

4. Vedação legal da liberdade provisória

A Lei 13.964/2019, ao introduzir outros parágrafos ao art. 310 do CPP, regulamentou hipóteses em que a normatividade ordinária veda a liberdade provisória: a) agente reincidente; b) integrar organização criminosa armada (Lei 12.850/2013); c) fazer parte de milícia (art. 288-A, CP); d) portar arma de fogo de uso restrito (art. 16, Lei 10.826/2003).

Até o advento da Lei 11.464/2007, os crimes hediondos, a prática de tortura, o tráfico ilícito de entorpecentes e drogas afins e o terrorismo eram insuscetíveis de liberdade provisória. Contudo, segundo a Súmula 697 do STF, "*a proibição de liberdade provisória nos processos por crimes hediondos não veda o relaxamento da prisão processual por excesso de prazo*". No que tange ao tráfico, ainda persiste na lei a proibição da liberdade provisória, nos casos dos arts. 33, *caput* e § 1°, 34 a 37. Observa-se que o tráfico, pela lei, é equiparado aos crimes hediondos, mas nestes o legislador retirou a proibição da liberdade provisória.

A vedação da liberdade provisória não afasta a aplicação do art. 319 do CPP, na medida em que a prisão preventiva é uma cautelar de *ultima ratio*. Numa primeira análise, poderia parecer que, diante do óbice legal da liberdade provisória, o flagrado não seria solto, ou seja, não incidiria o art. 319 do CPP. Qualquer hipótese de proibição legal da liberdade provisória comporta uma adequação convencional e constitucional. Primeiramente, a situação jurídica normatizada há de assentar-se em bases fáticas e não somente legais, sob pena de haver uma prestação legislativa e não jurisdicional. Portanto, cada caso concreto há de ser motivado e fundamentado. Ademais, há que ser considerado que a prisão preventiva se constitui em medida extrema. Não realizar uma análise detalhada a cada caso concreto, em todas as hipóteses em que o legislador vedar a liberdade provisória, significaria tornar a prisão quase que obrigatória, por decreto legislativo.

No que tange à vedação da liberdade provisória nas hipóteses de reincidência, a lei não refere qual a espécie de reincidência: genérica ou específica. Uma interpretação *pro reo* restringe o óbice somente às hipóteses de reincidência específica. Na concretude fática comporta análise os tipos penais envolvidos, o tempo da reincidência, os crimes com lesão a pessoas ou delitos patrimoniais, por exemplo, de modo a permitir ao magistrado aplicar a norma adequada ao caso concreto. No caso das armas, o STF, na ADI 3.112, rel. Min. Ricardo Lewandowski, *DJ* de 26.10.2007, declarou a inconstitucionalidade dos arts. 14, 15, parágrafo único e do art. 21 da Lei 10.826/2003, que vedavam a liberdade provisória no Estatuto do Desarmamento.

Vedar a liberdade pela espécie de delito é restringir a prisão à objetividade, sem considerar as especificidades do sujeito, as exigências cautelares. A liberdade provisória é uma alternativa ao cárcere e se apresenta em duas formas: com ou sem fiança. Cabe ao juiz examinar o cabimento da medida menos onerosa ao caso concreto. A liberdade plena, sem nenhuma restrição, é a regra. Após, se situa a liberdade provisória, com ou sem fiança, passando pelas demais medidas cautelares (primeiro de forma isolada e, num segundo momento de forma cumulativa) e, por último, o recolhimento ao cárcere, com a prisão preventiva.

Importante referir ser necessário examinar os limites da imputação constante no auto de prisão em flagrante, na denúncia, na fase da absolvição sumária e em todos os momentos em que houver decisão acerca da prisão e da liberdade. Isso em razão da espécie de liberdade provisória, de seu cabimento ou não, bem como da exigência cautelar.

CAPÍTULO VI

PRISÃO PREVENTIVA

1. Considerações iniciais

Desde a Lei 12.403/2011, a prisão preventiva deixou de ser a única medida cautelar pessoal e também a regra, em termos de medidas constritivas criminais pessoais, situando-se na *ultima ratio* do sistema cautelar criminal. Mesmo assim, o número de presos sem condenação continuou altíssimo (em torno de 40%), revelando uma resistência às medidas alternativas do art. 319 do CPP, uma crença no encarceramento como uma política pública de primeira grandeza para diminuir a criminalidade, ademais de uma forte conotação de exercício de poder carismático ou pela atuação, desvinculado da necessidade e da legalidade (Weber). Agora, a Lei 13.964/2019, expressamente, considera a prisão preventiva como a medida cautelar de *extrema ratio*: "*...em último caso decretar a prisão preventiva..*" (art. 282, § 4º, CPP); "*a prisão preventiva somente será determinada quando não for cabível a sua substituição por outra medida cautelar...*" (art. 282, § 6º, CPP). Contudo, a efetividade desse princípio depende muito da eliminação da mentalidade inquisitória e das compreensões inautênticas e inidôneas, de uma aderência à convencionalidade e à constitucionalidade.

A função da prisão preventiva é eminentemente processual (fuga do suspeito ou do imputado; assegurar a presença no processo ou a obtenção da prova; garantir a incidência da potestade punitiva, em caso de eventual condenação; manter o normal desenvolvimento das atividades das partes e dos sujeitos processuais - depoimentos de vítimas, testemunhas, peritos, por exemplo). É equivocada a percepção de que a prisão preventiva se constitui em antecipação de pena ou da tutela penal material, pois sua funcionalidade é a segurança do processo. A esta há de ser agregada a situação de urgência, bases de todo provimento cautelar. A finalidade é acautelatória, assecuratória, mas não de antecipação do provimento a ser ditado após o devido processo cognitivo.

A estratégia normativa de situar o recolhimento ao cárcere como a última das medidas cautelares não é suficiente para manter a prisão a níveis aceitáveis. Isso porque os aplicadores da legislação foram forjados na ideologia inquisitorial da década de quarenta (criminoso e defesa são inimigos no processo e as garantias são seres selvagens), na concepção de que o recolhimento ao cárcere soluciona os problemas, diminui a criminalidade. Olvida-se que a lei não possui a potencialidade suficiente para fazer o que os homens não conseguem realizar.

2. Pressupostos

Como pressupostos podem ser assentados os antecedentes necessários, que se supõem antecipadamente ao objeto analisado (prisão preventiva). São verdadeiras condicionantes preliminares. Também poderiam ser elencados como hipóteses em que se exclui previamente o objeto, ou seja, a averiguação da prisão preventiva. São pressupostos: a) fatos novos ou contemporâneos; b) prática de crime doloso; c) cominação de pena de prisão superior a 4 anos; d) ausência de cominação de pena de multa alternativa - "*ou*"); e) descabimento da liberdade provisória (pressuposto negativo); f) insuficiência das medidas cautelares menos gravosas.

2.1 Fatos novos ou contemporâneos

Trata-se de pressuposto introduzido no art. 312, § 2º, do CPP, pela Lei 13.964/2019. O suporte fático do juízo que decretar a prisão preventiva somente será suficiente e idôneo quando existente ou conhecido no momento da formação do *decisum*. Com isso, afastam-se, *prima facie*, os fatos pretéritos, os que desapareceram, se esvaíram ou perderam a potencialidade de gerar perigo ao estado de liberdade do sujeito. Também carecerão de idoneidade os fatos relacionados a outros processos, a outras situações fáticas desvinculadas do crime objeto do caso penal concreto. A idoneidade fática a servir de suporte ao encarceramento processual preventivo há de coincidir com o mesmo ponto da linha do juízo, nem para trás e nem para frente (tempo e espaço). Por isso, também restam sepultadas as presunções do porvir. Não há idoneidade em afirmar que um sujeito, pelo simples fato de possuir um passaporte, irá abandonar o país; não há idoneidade em dizer que o agente poderá frustrar a incidência da potestade punitiva porque reside ou trabalha em cidade de fronteira. Sem demonstração de fatos concretos e contemporâneos, desaparece o pressuposto fático da exigência cautelar.

Essa linha temporal também interfere no julgamento no segundo grau jurisdicional, pois entre a soltura determinada na origem e a decisão do segundo grau poderá ter transcorrido um lapso temporal que afastou a contemporaneidade, sempre que entre a decisão concessiva da liberdade e a do juízo *ad quem* não tenha surgido fato novo.

O substrato fático existe quando do afastamento do pedido de prisão preventiva, que não se alterou significativamente, não possui idoneidade para ensejar um novo pedido ou decreto de prisão. Desapareceu a sua essência de fato novo, embora tenha existido e ainda persista. Para que seja considerado novo, há de surgir após um requerimento de prisão preventiva afastado ou após a revogação da prisão por haver desaparecido a exigência cautelar por aqueles fatos. A base fática existente no momento em que foi concedida a liberdade provisória, com ou sem fiança, que foi negada a prisão preventiva ou que foram aplicadas outras medidas cautelares (art. 319, CPP), não poderá servir de suporte para um novo pedido ou decreto de prisão preventiva.

2.2 Prática de crime doloso

Pela leitura do art. 313 do CPP, se infere o descabimento da prisão preventiva quando se tratar de crime culposo. Justifica-se a impossibilidade da cautelar de recolhimento ao cárcere porque ao final, mesmo se adviesse de uma sentença penal condenatória, o imputado não seria levado à prisão. Isso em razão de o *quantum* da pena privativa de liberdade (não seria fixada acima de quatro anos) possibilitar a sua substituição por penas restritivas de direito (art. 44, CP) ou a suspensão da execução (art. 77, CP - *sursis*). Mesmo presentes as motivações fáticas a dar suporte às motivações jurídicas constantes no art. 312 do CPP (conveniência da instrução criminal, por exemplo), há um juízo legislativo prévio de proporcionalidade pela ausência de adequação e necessidade da prisão preventiva, nas hipóteses de crime culposo ou nas contravenções penais. Portanto, em tais casos, mesmo diante da prisão em flagrante não poderá ser decretada a prisão preventiva.

No delito de homicídio, praticado na direção de veículo automotor, se observa a práxis de presunção de dolo indireto, mormente quando o condutor estiver embriagado. Não se afasta a existência de homicídio com dolo eventual na direção de veículo automotor; todavia, deverá haver demonstração da aceitação do resultado. Por isso, mesmo na tipificação inicial de dolo eventual na direção de veículo automotor, deverão ser observadas, além da exigência da cautelaridade, as possibilidades concretas de um juízo desclassificatório, a representação da autoridade policial ou o requerimento do Ministério Público, bem como a adequação de medidas alternativas ao cárcere, inclusive a hipótese de suspensão da permissão ou da habilitação para dirigir veículo automotor (art. 294, Lei 9.503/97), de forma isolada ou cumulativa.

2.3 Pena privativa de liberdade máxima superior a 4 anos

Nem todas as situações em que o crime possui cominação de pena máxima superior a quatro anos são passíveis de prisão preventiva. Aqui, também há um juízo de adequação e de necessidade, emitido pelo legislador, no que tange à pena máxima cominada aos delitos. A pena máxima é um dos nortes da gravidade do delito cometido. Nos delitos cuja pena privativa de liberdade máxima seja igual ou inferior a quatro anos, entendeu o legislador ser inadequada e desnecessária a constrição cautelar da liberdade pessoal do autor da infração. Aplica-se o constante no item anterior, no que diz respeito à alta probabilidade de a pena privativa de liberdade, ao final do processo, ser substituída por restritivas de direito (art. 44, CP) ou ser suspensa (art. 77, CP). Já possuímos uma regra no Código Penal, autorizando a substituição da pena privativa de liberdade aplicada, não superior a quatro anos, por restritivas de direito, situação em que o condenado não será recolhido ao cárcere. Responder a um processo recolhido ao cárcere e ser posto em liberdade após uma condenação é uma situação que pode ser deverás incongruente.

Situação crítica diz respeito aos concursos material e formal de crimes e à continuação criminal. Também, poderá ocorrer discussão acerca de unidade delituosa ou de concurso de crimes. Entretanto, concluindo-se que de concurso se trata, se antecipa o juízo que se faria na aplicação da pena, em casos tais. Isso porque o parâmetro do cabimento ou não da prisão é dada pela pena máxima cominada. Então, em face do concurso material, deverão ser somadas as penas máximas e, diante de concurso formal ou de continuação criminal, deverá ser feita a exasperação prevista nos arts. 70 e 71 do CP, sobre a pena máxima. Como não estamos diante da medição da pena, temos duas alternativas: proceder ao aumento mínimo (1/6) ou máximo (1/2 ou 2/3). A solução do problema deverá considerar a excepcionalidade da prisão preventiva, sua *ultima ratio*, isto é, somente decretável em casos graves, quando outras alternativas legais não forem suficientes. Portanto, na interpretação há de prevalecer o *favor libertatis*, com o aumento mínimo e não máximo.[1]

Por também integrarem o conteúdo do injusto e por exigirem uma modificação necessária no grau de censurabilidade, todas as causas especiais de aumento e de diminuição da pena, aplicáveis ao caso concreto, deverão incidir sobre a pena máxima cominada ao delito, em seu percentual favorável à manutenção do

---

1. O STF, nas situações da suspensão condicional do processo (art. 89, Lei 9.099/95), sumulou a questão: Súmula 723 – "*não se admite a suspensão condicional do processo por crime continuado, se a soma da pena mínima da infração mais grave, com o aumento mínimo de um sexto, for superior a um ano*", em interpretação favorável ao instituto a que se refere (suspensão condicional do processo – consenso no processo penal).

status libertatis.[2] Resultando desse cálculo uma pena igual ou inferior a quatro anos, não caberá a prisão preventiva, ressalvadas as exceções estabelecidas em lei. Isso porque o nosso sistema criminal, além das elementares típicas, prevê tipos derivados qualificados por certas circunstâncias. Tanto as elementares típicas, quanto as qualificadoras, informam uma cominação mínima e máxima abstratas. Ainda, em muitos casos incidem circunstâncias modificadoras especiais, previstas tanto na parte geral do Código Penal (crime tentado, concurso formal, por exemplo), quanto na parte especial do Código Penal (repouso noturno, privilégio da violenta emoção, por exemplo). Essas circunstâncias especiais, também denominadas de majorantes e minorantes, possuem entidade suficiente para modificar o mínimo e máximo da pena cominada, motivo por que incidem sobre o parâmetro (pena privativa de liberdade máxima cominada) balizador do cabimento ou não da prisão preventiva.

Questão que merece enfrentamento diz respeito às situações do art. 366 do CPP, quando o réu permanece em lugar incerto e não sabido. Nesses casos, não flui o prazo para resposta e o processo resta suspenso. Em tese, poderia incidir a exigência de cautelar máxima, da prisão preventiva, em razão da necessidade de instrumentalizar o processo, com sua instrução e finalização com a incidência da potestade punitiva em caso de condenação. Porém, mesmo com a suspensão do processo e do prazo de prescrição, a prisão preventiva se sujeita a seus pressupostos. As exceções à possibilidade de prisão preventiva nos crimes com pena até quatro anos estão elencadas na lei. Portanto, fora desses casos, a prisão será ilegal.

2.4 Ausência de cominação de multa alternativa

Quando a cominação da pena de multa for cumulada com a pena privativa de liberdade (e), existe a possibilidade de o autor do crime vir a ser recolhido ao cárcere, diante de uma condenação. Contudo, na cominação da pena de multa, de forma isolada, isto é quando é a única prevista, não existe a possibilidade de recolhimento ao cárcere, mesmo diante de uma sentença condenatória. Nessa hipótese resta afastado o cabimento da prisão preventiva. O problema reside nos delitos em que a pena de multa é cominada de forma alternativa (ou). Do contido no art. 283, § 1º, do CPP se infere a possibilidade de ser decretada qualquer medida cautelar, inclusive a prisão preventiva, sempre que haja cominação de pena privativa de liberdade. Nas hipóteses de cominação alternativa da pena privativa de liberdade com a pena de multa, uma leitura literal autorizaria a prisão preventiva. Porém, uma perspectiva constitucional e sistemática das cautelares exige uma interpretação diversa, isto é, pela falta de adequação da

---

2. É de ser adotada como parâmetro a Súmula 723 do STF, segundo a qual, o aumento a ser aplicado, na hipótese de crime continuado é o mínimo, ou seja, de 1/6.

prisão preventiva nesses casos. Ainda, cabe a prisão preventiva quando não forem aplicáveis outras medidas cautelares, na perspectiva da necessidade e adequação, ou seja, como *ultima ratio*. Portanto, é de ser tomado como regra o descabimento da prisão preventiva quando a cominação abstrata for de multa alternativa.

2.5 Afastamento da liberdade provisória (pressuposto negativo)

Cabível a liberdade provisória, com ou sem fiança, descabe *ab initio* o recolhimento ao cárcere, ou seja, a prisão preventiva.[3]

Aos crimes apenados com até quatro anos, a autoridade policial possui atribuição para conceder a fiança (art. 322, CPP). Nos demais delitos, somente a autoridade judicial poderá arbitrar fiança. Veda-se a fiança nas hipóteses previstas na CF e no CPP. Fora dessas hipóteses, antes de ser decretada a prisão preventiva, se analisa a possibilidade de ser concedida a fiança. A CF considera inafiançáveis a prática de racismo (art. 5°, XLII, CF), de tortura, o tráfico ilícito de entorpecentes e drogas afins, o terrorismo e os crimes definidos como sendo hediondos (art. 5°, XLIII, CF). Os arts. 323 e 324 do CPP estipulam um rol de crimes inafiançáveis, na perspectiva do art. 5°, XLII, XLIII e XLIV, da CF.

A fiança e a prisão preventiva possuem natureza jurídica diversa. O fato de um delito ser inafiançável não significa proibição da liberdade provisória ou autorização de recolhimento ao cárcere pela inafiançabilidade.[4]

O art. 324, IV, do CPP deixa claro o descabimento da fiança nas hipóteses em que é cabível a prisão preventiva. Portanto, caberá ao magistrado, diante do caso concreto, verificar a necessidade e adequação da prisão preventiva ou da fiança. Uma interpretação literal conduz à vedação do arbitramento da fiança quando presentes os motivos ensejadores da prisão preventiva. Porém, a leitura sistêmica das cautelares e das garantias constitucionais prioriza a liberdade em detrimento da prisão preventiva, a qual ocupa a *ultima ratio* na exigência cautelar.

2.6 Insuficiência das medidas cautelares menos gravosas

A prisão preventiva se constitui na última opção cautelar do magistrado.[5] Isso se infere não só de uma leitura constitucional e convencional do processo penal, a partir da garantia da presunção de inocência, mas da própria normatização ordinária, especialmente do art. 282 do CPP, segundo o qual, em seu § 4°, o

---

3. V. cap.II, itens 11.2 e 11.3, acerca das modalidades de liberdade provisória com e sem fiança.

4. V. STF, HC 97.346, Rel. Min. Eros Grau, DJU de 25.06.2010, quando assentou que o indeferimento da liberdade provisória baseada na inafiançabilidade do delito afronta os princípios da presunção de inocência, do devido processo legal e da dignidade humana.

5. V. Cap. I, item 9, o patamar de *ultima ratio* da prisão preventiva.

juiz decretará a prisão preventiva "*em último caso*". Assim, no descumprimento de obrigações impostas, em face da liberdade provisória ou da aplicação do art. 319 do CPP, antes de impor a prisão preventiva, o magistrado há de verificar a hipótese de substituição por outra medida cautelar ou mesmo de aplicar outra em cumulação. Ainda, da normatização ordinária se infere que o magistrado há de apreciar a necessidade da medida cautelar a ser aplicada (investigação, instrução processual, aplicação da lei penal, evitar a reiteração criminosa), bem como a sua adequação ao caso concreto (gravidade do crime, circunstâncias do fato e condições pessoais do autor do delito).[6]

Expressamente, no art. 282, § 6º, do CPP, com a redação dada pela Lei 13.964/2019, o legislador determinou que o magistrado, antes de decretar a prisão preventiva, há de justificar o afastamento do art. 319 do CPP, motivando e fundamentando cada uma das medidas alternativas ao recolhimento ao cárcere, com supedâneo nos fatos constantes nos autos e na concretude do caso penal.

No mesmo sentido é o disposto no art. 310, II, do CPP: a conversão da prisão em flagrante em prisão preventiva (*rectius,* decretação)[7] é possível quando se revelarem inadequadas ou insuficientes as medidas cautelares diversas, constantes no art. 319 do CPP, ou previstas em leis especiais. Portanto, o recolhimento cautelar ao cárcere representa o último plano cautelar.

3. Requisitos

Após o condicionamento preliminar dos pressupostos, adentramos na análise das condições de exigência do decreto de prisão preventiva, ou de seus requisitos. Restam de plano rechaçados os requisitos das cautelares de natureza civil: *periculum in mora* e *fummus boni iuris*. Isso porque, no âmbito das cautelares criminais, não se perquire da "*fumaça do bom direito*" e nem do "*perigo da demora*" do provimento final, mas da prova da materialidade e da suficiência indiciária da autoria (*fumus commissi delicti*), bem como do perigo que a liberdade do autor do fato representa ao processo e à aplicação da lei penal, ou seja, o perigo gerado pelo estado de liberdade do imputado (*periculum libertatis*). Esse último requisito também é tido, por parte da doutrina, como o verdadeiro fundamento da prisão preventiva.[8]

---

6. V. Cap. I, item 8, acerca da incidência da proporcionalidade.

7. Entendemos que a disposição do art. 310, II, CPP há de receber uma nova interpretação, em face do art. 282, § 2º, CPP, cuja redação atual foi dada pela Lei 13.964/2019: "*as medidas cautelares serão decretadas pelo juiz a requerimento das partes ou, quando no curso da investigação criminal, por representação da autoridade policial ou mediante requerimento do Ministério Público*".

8. V. Lopes Jr. Aury. *O Novo Regime Jurídico da Prisão Processual, Liberdade Provisória e Medidas Cautelares Diversas*. Rio de Janeiro: Lumen Juris, 2011, p. 71 e ss.

3.1 *Fumus commissi delicti*

Para discutirmos o cabimento da prisão preventiva a determinado caso penal concreto, se pressupõe admitir, em tese, a constrição máxima. Portanto, a infração praticada há de admitir a prisão preventiva, afastando o cabimento da liberdade provisória e a aplicação das medidas alternativas constantes no art. 319 do CPP. Segundo o art. 312, *in fine*, do CPP, a prisão preventiva exige prova da *existência* da prática de um crime e a presença de indício suficiente de *autoria* (suspeita fundada), ou seja, a predominância da prova afirmativa da existência e da autoria sobre as causas e elementos excludentes (tipicidade, ilicitude, culpabilidade, por exemplo). Assim teremos uma expectativa processual razoável a ser protegida. Os elementos fáticos a serem analisados são os que emergem da situação processual concreta e não os advindos de um juízo abstrato ou em presunções.

3.1.1 Existência de um fato típico, ilícito e culpável

O primeiro requisito é a prova do cometimento de um delito. Esta vai além da demonstração de um fato em seu aspecto externo; ultrapassa a tipicidade e a ilicitude fáticas, exigindo alta probabilidade de ser aplicada uma sanção criminal. Portanto, a prova não é só da existência do fato, mas de um crime. Assim, há de estar demonstrada a existência de um fato com séria e forte aparência de tipicidade, de ilicitude e de culpabilidade. Mesmo que de juízo condenatório não se trate, pelas graves consequências produzidas pelo recolhimento ao cárcere,[9] a prova da existência de um delito ultrapassa as meras exigências da viabilidade acusatória, aproximando-se de uma certeza, embora não plena (condenação).

3.1.2 Indícios suficientes de autoria

No que tange à autoria e à participação, a lei contenta-se com a exigência indiciária destas. Já se afirmou não ser o indício uma prova menor, mas verificável. Porém, o indício é idôneo para certificar a existência de um fato histórico delituoso quando estiverem presentes outras provas excludentes de uma diversa reconstrução do acontecimento. Dessa regra se constata ser insuficiente um único indício.[10] Portanto, a suficiência indiciária há de resultar da pluralidade de indícios contingentes, os quais se constituem em "*sucessivos momentos ou partes integrantes de uma mesma circunstância ou de um mesmo*

9. V. em Sanguiné, Odone. "Os efeitos colaterais da prisão cautelar", em *70 anos do código de processo penal brasileiro, balanço e perspectivas de reforma* (Diogo Malan e Flávio Mirza, coordenadores). Rio de Janeiro: Lumen Juris, 2011, p. 322 e ss., um importante estudo acerca dos efeitos nocivos da prisão cautelar sobre os presos preventivos.

10. V. Tonini, Paolo. *A prova no processo penal italiano.* Tradução de Alexandra Martins e Daniela Mróz. São Paulo: RT, 2002, p. 58.

acontecimento".[11] A lei não se contenta com meros indícios, mas com uma suficiência indiciária (gravidade, seriedade),[12] a qual permite uma aproximação à certeza da autoria, mesmo que não possa ser proclamada antecipadamente, pois não se trata de um veredicto condenatório (juízo de mérito).

Há vários juízos constritivos na dinâmica do processo penal: recebimento da acusação (denúncia ou queixa-crime), pronúncia do réu nos crimes dolosos contra a vida, constrição cautelar, condenação, por exemplo. O veredicto condenatório parte da certeza da autoria e da existência de uma infração crimina (convenção jurídica). Por não haver emissão de um juízo condenatório, os demais atos constritivos, no processo penal, se encontram abaixo dessa linha. Então se faz mister separar as exigências de potencialidade dos conceitos demonstrativos da existência do fato ilícito e dos indícios de autoria, nos diversos atos constritivos. As exigências demonstrativas, ou seja, a potencialidade, vai aumentando, na seguinte ordem: recebimento da acusação, pronúncia, sentença condenatória. Mas, em que patamar estaria a exigência da autoria para ser decretada a prisão preventiva? Abaixo do juízo condenatório, mas acima das demais decisões, por implicar restrição da liberdade, encarceramento e aproximar-se dos efeitos de um juízo condenatório. A decisão de antecipar a limitação do direito fundamental da liberdade, cuja limitação ou extensão desta ainda não é certa, reclama presença de uma expectativa razoável a ser protegida.

Via de regra, o decreto de prisão preventiva é impugnado através do habeas corpus, cujo remédio não comporta um exame aprofundado do substrato fático. Porém, em se tratando da alegação de ausência de indícios suficientes da autoria, o material fático posto no remédio jurídico há de ser analisado. Sem essa apreciação, não há como afirmar a existência ou inexistência de indícios suficientes de autoria.

3.2 *Periculum libertatis*

As situações legais de decretação da prisão preventiva, exigências situacionais do legislador (garantia da ordem pública, da ordem econômica, conveniência da instrução criminal e assegurar a aplicação da lei penal) também são tidas como seus fundamentos, isto é, razão da existência, justificação. São situações em que o indivíduo suspeito ou imputado, caso permanecer em liberdade, possa causar um risco, prejuízo ou dano às situações eleitas pelo legislador (motiva-

11. Em MOURA, Maria Thereza Rocha de Assis. *A prova por indícios no processo penal.* Reimpressão. Rio de Janeiro: Lumen Juris, 2009, p. 97.

12. Segundo CHIAVARIO, Mário. *Problemi Attuali della Libertà Personale tra "emergenze" e "quotidiano" della giustizia penale*. Milão: Giuffrè, 1995, p. 9, especialmente no campo da tutela do direito da liberdade pessoal, há exigências de não superação de certos limites de intervenção da autoridade pública, inclusive a judiciária, como ocorre na exigência rigorosa de não intervenção quando faltam indícios consistentes da prática de um delito por determinada pessoa.

ção jurídica), um perigo processual. A índole da prisão preventiva é cautelar, acautelatória, não de um provimento final condenatório. As perspectivas são as do processo, em sua dinâmica procedimental, até sentença final. Portanto, a natureza jurídica da prisão preventiva, diversamente da prisão em flagrante, é cautelar. O que se está acautelando? O desenvolvimento normal do processo e a incidência do *ius puniendi*, ou seja, um "*perigo processual gerado pelo estado de liberdade do imutado*" (art. 312, *in fine*). Essa é a essência da cautelar, não possuindo funcionalidade desvinculada de sua natureza jurídica (credibilidade institucional, segurança pública, antecipação de tutela penal, substitutiva de políticas públicas, etc.) e nem de antecipação de tutela material penal (pena).

As situações integrantes do *periculum libertatis* não são presumíveis, mas exigem um suporte fático suficiente e demonstrável empiricamente, em fatos novos e contemporâneos (pressuposto). São elementos normativos que não subsistem por si só, isto é, estão condicionados à demonstração, nos autos, de situações concretas justificantes do motivo legal e da necessidade da prisão, ou seja, se exige a presença de uma base probatória justificadora da situação legal. Isso afasta presunções subjetivas, meras conjecturas desvinculadas da objetividade fática e jurídica. Do flagrante, do inquérito ou do processo é que deverão emergir os elementos fáticos concretos, a servirem de motivação à normatividade. Ademais de novos e contemporâneos, esses elementos deverão guardar congruência com a hipótese legal eleita.

Vencidos os pressupostos da prisão preventiva e do requisito do *fumus commissi delicti*, verifica-se que o legislador, no art. 312 do CPP, com a redação dada pela Lei 13.964/2019, expressamente, exigiu a presença de "*perigo gerado pelo estado de liberdade do imputado*" para legitimar a prisão preventiva, o qual há de vincular-se a uma das hipóteses legais mencionadas: ordem pública, ordem econômica, instrução criminal ou assegurar a aplicação da lei penal. Portanto, a decisão que decreta a prisão preventiva do autor do fato criminoso, para ser válida e legítima, há de racionalizar o referido perigo à hipótese legal.

3.2.1 Garantia da ordem pública

Segundo a CF, embora a segurança pública seja um dever do Estado e de responsabilidade de todos, exercida para preservar a ordem pública, a incolumidade das pessoas e do patrimônio, é exercida pelas autoridades policiais e não judiciais. É o que se infere do art. 144 da CF. É atribuição da Administração e não do Estado-Juiz. Ademais, o conceito de ordem pública é indeterminado, no qual cabe qualquer motivação fática argumentativa.[13] Na *Law in action* se observam

13. Segundo Lopes Jr., Aury. *O Novo Regime Jurídico da Prisão Processual, Liberdade Provisória e Medidas Cautelares Diversas. Atualizado Lei nº 12.403/2011*. RJ: Lumen Juris, 2011, p. 91, tanto a prisão preventiva fundada na garantia à ordem pública, quanto à prisão para a garantia da

motivações espúrias e disfuncionais na decretação da prisão preventiva para garantir a ordem pública: "*credibilidade do Poder Judiciário*", "*credibilidade da Justiça*" ou das "*instituições*",[14] "*aplacar os altos índices de criminalidade*", "*dar uma resposta imediata e enérgica ao crime*", "*acabar com a rede de crimes criados pelo tráfico de drogas*", "*clamor público*", "*gravidade do crime*", "*comoção social, inclusive divulgado pela mídia*"... Essas expressões se difundem, revelando recíprocas, múltiplas e geométricas injustiças. Desvinculadas do plano concreto, são heresias, deturpações, as quais viram dogmas, na perspectiva da antecipação da tutela penal material. Meros prognósticos ou juízos em suposições, não justificam validamente a prisão, na medida em que a consgrição se vincula à necessidade de cautela. A fragilidade conceitual atingiu o legislador de 1997, quando admitiu a capacidade de os delitos praticados na direção de veículo automotor de ferir a ordem pública. O art. 294 do Código de Trânsito é expresso (Lei 9.503/1997): havendo necessidade à garantia da ordem pública, o juiz poderá suspender a permissão ou a habilitação para dirigir veículo automotor, ou a proibição de sua obtenção.

Nos estreitos limites do recolhimento ao cárcere porque o autor de um delito interfere na ordem pública, se faz mister, primeiro, enunciar fatos idôneos (novos, contemporâneos) e circunstâncias concretas, demonstráveis. Por isso, meras conjecturas e presunções abandonam o plano do factível e se inserem em perigosas e ideológicas abstrações imprevisíveis. Em segundo lugar, o conteúdo da ordem pública há de ser delimitado, restringido, pois a prisão, por essa motivação, interfere no direito fundamental da liberdade. A vinculação jurisdicional da necessidade da prisão para garantir a ordem pública se justifica nos casos em que o delito coloque em risco a organização estrutural de uma instituição do Estado ou do próprio Estado de Direito. Nessa delimitação não cabem motivações de prevenção especial ou geral.

3.2.2 Garantia da ordem econômica

A ordem econômica e financeira está disciplinada no Título VII, da CF, na perspectiva da valorização do trabalho humano e na livre iniciativa, para assegurar justiça social e existência digna. O recolhimento preventivo ao cárcere

ordem econômica desvirtuam-se dos fins puramente cautelares e processuais que marcam e legitimam tais procedimentos. No que concerne à prisão para a garantia da ordem pública, assevera: "se trata de um conceito vago, impreciso, indeterminado e despido de qualquer referencial semântico. Sua origem remonta a Alemanha na década de 30, período em que o nazifascismo buscava exatamente isso: uma autorização geral e aberta para prender. Até hoje, ainda de forma mais dissimulada, tem servido a diferentes senhores, adeptos dos discursos autoritários e utilitaristas, que tão 'bem' sabem utilizar dessas cláusulas genéricas e indeterminadas do Direito para fazer valer seus atos prepotentes".

14. V. *CASO DO JUIZ NICOLAU* (HC 80.717-8), onde foi admitida, por maioria, a manutenção da prisão preventiva do paciente para resguardar a ordem pública, em razão dos graves prejuízos causados à credibilidade das instituições públicas.

possui tão nobre funcionalidade? Terá alguma atividade ilícita, a potencialidade de colocar em risco a ordem econômica de um município, Estado ou da Nação? Somente o recolhimento ao cárcere (*ultima ratio*) conseguirá aplacar os danos e riscos? Não há outra medida alternativa mais adequada? Trata-se de previsão legal introduzida no CPP pela Lei 8.884/1994, já revogada (Lei Antitruste), com o objetivo de coibir a prática de delitos contra a ordem econômica e financeira.[15]A situação econômico-financeira no Brasil ou no exterior, por si só, não se constitui em base empírica suficiente e legítima para dar suporte à motivação legal da prisão para garantir a ordem econômica e nem como garantia da ordem pública. Exige-se demonstração fática de que a segregação da liberdade do sujeito seja necessária, sob pena de abalar, desestruturar a ordem econômica (especial potencialidade). A fiança e outras medidas cautelares alternativas do art. 319 do CPP, como regra, cumprem adequadamente as necessidades de acautelamento do processo nos delitos econômicos e financeiros.

Por outro lado, a Lei 7.492/86 (Crimes contra o Sistema Financeiro Nacional), em seu art. 30, autoriza a decretação da prisão preventiva, ademais das hipóteses do art. 312 do CPP, em razão da "*magnitude da lesão causada*".[16] Qual a delimitação dessa expressão? Primeiramente, há que se partir da referência da prática de um delito contra o sistema financeiro; portanto, às suas peculiaridades fáticas, circunstanciais e amplitude devem ser consideradas. Em segundo lugar, a gravidade em abstrato do fato delituoso não se circunscreve no âmbito de exigibilidade cautelar. Assim, a sua interpretação há de inserir-se nos pressupostos e requisitos da prisão preventiva. Terceiro: a extensão da lesão há de ser interpretada em face dos efeitos nas pessoas físicas, jurídicas e nas instituições afetadas em face do tipo penal específico. Não se trata de um novo suposto de *periculum libertatis*, mas hipótese que pode ser subsumida na garantia da ordem econômica ou da ordem pública (para aqueles que a admitem como requisito válido).

---

15. Segundo Lopes, Jr. Aury. *O Novo Regime Jurídico da Prisão Processual, Liberdade Provisória e Medidas Cautelares Diversas. Atualizado Lei nº 12.403/2011*. RJ: Lumen Juris, 2011, p. 95, no que concerne à prisão tutela da ordem econômica, salienta o autor: "(...) É elementar que, se o objetivo é perseguir a especulação financeira, as transações fraudulentas e coisas do gênero, o caminho passa pelas sanções à pessoa jurídica, o direito administrativo sancionador, as restrições comerciais, mas jamais pela intervenção penal, muito menos de uma prisão preventiva. Ademais, é manifesta a inadequação da prisão para a garantia da ordem econômica, pois já havia, no art. 30 da Lei nº 7.492, a previsão de decretação de prisão preventiva em 'razão da magnitude da lesão causada'. Mas, para além disso, em nada serviria a prisão para remediar ou diminuir a lesão econômica. Muito mais útil seria o seqüestro e a indisponibilidade dos bens dos bens, pois dessa forma melhor se poderia tutelar a ordem financeira e também amenizar as perdas econômicas. Da mesma forma, é inegável que, nesse tipo de crime, o 'engessamento' patrimonial é melhor instrumento para evitar a reiteração de condutas"

16. Art. 30. Sem prejuízo do disposto no art. 312 do Código de Processo Penal, aprovado pelo Decreto-lei nº 3.689, de 3 de outubro de 1941, a prisão preventiva do acusado da prática de crime previsto nesta lei poderá ser decretada em razão da magnitude da lesão causada.

De qualquer forma, a prisão processual para garantir a devolução de eventuais valores subtraídos, apropriados ou de qualquer modo desviados, não são fundamentos idôneos à garantia da ordem econômica.

3.2.3 Conveniência da instrução criminal

Motivação jurídica de cunho tipicamente cautelar, possui a função de acautelar a produção da prova e a prática normal, sem obstaculização, de atos processuais, até a sentença penal. Justifica-se a prisão preventiva por conveniência da instrução penal quando a conduta do imputado, após o cometimento do delito, interferir objetivamente na prática de atos processuais probatórios: depoimentos de vítimas,[17] testemunhas, peritos, etc., gerando um perigo de dano à prova e ao processo. Em tais casos, há o risco de o acusado vir a contaminar a produção probatória, de alterar a demonstração fática no processo. O substrato fático indicativo de que o imputado interferirá na instrução criminal deverá emergir dos autos e constar como suporte da incidência da prisão por conveniência da instrução criminal.

A circunstância de o autor do fato não ser mais encontrado na Comarca, tanto para ser citado, como para comparecer nas audiências, por si só não induz motivação fática suficiente para decretar a prisão por conveniência da instrução criminal. Isso porque o art. 5º, LXIII, da CF garante aos acusados o silêncio. Não tendo o encargo processual de declarar, seu comparecimento é dispensável, embora as comunicações processuais sejam obrigatórias. Nas hipóteses de o réu vir a ser citado por edital, sem que haja comparecimento, constituição de advogado para responder ao processo, este restará suspenso, assim como a prescrição (art. 366, CPP). Em tese há motivação fática para dar suporte à prisão preventiva por conveniência da instrução criminal e também para aplicação da lei penal. Porém, antes de ser analisado o *periculum libertatis*, se faz necessário vencer os filtros dos pressupostos processuais e do *fumus commissi delicti*, ademais da observância dos eixos epistêmicos das medidas cautelares, tratados no capítulo primeiro.

---

17. Em muitos processos, como os referentes aos delitos contra a liberdade sexual (estupro, por exemplo), as declarações da vítima são essenciais ao julgamento do processo. Em outros, como os referentes ao tráfico de entorpecentes, pelas características advindas da "*lei do silêncio*", da conquista de território e de clientes, há necessidade de assegurar o depoimento das testemunhas, de forma isenta, em juízo, pelo menos em tese. Isso porque, na atual realidade carcerária brasileira, as facções criminosas integram os que ingressam no sistema penitenciário em seus quadros, ademais de comandarem a prática de crimes de dentro das penitenciárias. Nos processos envolvendo o roubo (assalto a mão armada), com regra, a condição de abandono da investigação, relegada pela omissão do Estado, faz com que a demonstração do fato se restrinja ao depoimento da vítima e dos policiais que detiveram o infrator.

3.2.4 Assegurar a aplicação da lei penal

Juntamente com a conveniência da instrução penal, o asseguramento da aplicação da lei penal é um motivo eminentemente cautelar, justificador da prisão preventiva. Trata-se de motivação jurídica direcionada à garantia da execução da sanção penal no final do processo cognitivo, ou seja, rumo à expectativa de que o acusado cumpra a sentença, na hipótese de vir a ser condenado. Portanto, essa hipótese se justifica quando houver demonstração de que o autor do fato pratica atos que demonstrem intenção de não submeter-se à sanção criminal. O perigo de fuga (*fluchtgefahr*) e a própria fuga (*flucht*) do autor do fato são motivações fáticas vinculáveis à necessidade da prisão preventiva para garantir a aplicação da lei penal. Porém, o perigo de fuga deverá resultar de fatos idôneos (novos ou contemporâneos) e de circunstâncias objetivas, demonstráveis nos autos. Primeiramente, se exige alta probabilidade de o réu vir a ser condenado. Em segundo lugar, deverá emergir dos autos pelo menos uma situação fática indicativa de que o réu poderá frustrar a aplicação da lei penal.

A reiteração criminosa, em tese, poderá ser um dos motivos fáticos a dar suporte à motivação jurídica de necessidade da prisão para assegurar a aplicação da lei penal, diante da série de condenações, da prática de delitos quando o apenado está em liberdade condicional, em regime de liberdade limitada (semiaberto, aberto). Porém, mesmo a reiteração criminosa, exige análise de outros fatores: espécie e tempo das condenações anteriores e delito praticado. A gravidade do crime, por si só, não justifica a necessidade da prisão para assegurar a aplicação da lei penal, mas as circunstâncias da prática deste poderão enunciar a necessidade da prisão preventiva. O risco de fuga não se relaciona, necessariamente, com a espécie de crime, com a sanção abstrata previsível ou a ser aplicada. Mas, agregado a isso, devem ser analisadas outras circunstâncias relacionadas ao acusado: domicílio ou residência habitual, negócios, trabalho, profissão, bens, investimentos, relações familiares, ligações no Estado e país onde se desenvolve o processo, comportamento do acusado no processo ou em outros feitos.[18] Exige-se demonstração fática do risco de fuga e não meras conjecturas ou presunções.

Todavia, a motivação fática que servirá de suporte à motivação jurídica de assegurar a aplicação da lei penal deverá estar nos autos. Não se justificam prognósticos alheios aos autos.

---

18. Alguns desses elementos constam expressamente, como critérios a serem considerados pelo juiz, no CPP da Bolívia de 1999, que entrou em vigor em 2000, no CPP da Costa Rica, de 1996, que entrou em vigor em 1998, e no CPP do Paraguai, de 1998.

4. Legitimidade postulatória

Faz-se necessário distinguir as duas fases procedimentais: investigação e processo propriamente dito. Na fase pré-processual, a autoridade policial poderá "*representar*" pela decretação da prisão preventiva. Contudo, antes de o pedido ser submetido ao juiz de direito, deverá passar pelo MP, único legitimado ao *ius ut procedatur*, detendo as prerrogativas postulatórias criminais exclusivas da ação penal pública. Nessa fase, o pedido de prisão preventiva também poderá partir do MP (art. 282, § 2° e 311, CPP). Deduzida a acusação, o querelante, na ação penal privada[19] e o MP e o assistente da acusação, na ação penal pública, possuem legitimidade para requerer a prisão preventiva, nos termos dos arts. 282, § 2° e 311 do CPP.

A admissibilidade do assistente da acusação desequilibra, como regra, o processo penal, concentrando armas no polo acusador. Em segundo lugar, o titular da ação penal pública é o MP, conforme art. 129, I, da CF. Em terceiro lugar, o interesse primordial do assistente da acusação é o de obter um provimento condenatório, com finalidade reparatória, motivo por que há de ser afastada sua capacidade postulatória de aplicação de qualquer medida constritiva ao imputado. Ao ampliar-se a funcionalidade do assistente da acusação para além da obtenção de um título executivo certo e exigível, ou seja, a realização da "*justiça*" ao caso concreto, se reconhece legitimidade postulatória de medidas cautelares ao assistente da acusação. Contudo, ao restringir-se sua funcionalidade ao provimento condenatório e indenizatório, retira-se legitimidade postulatória. Admitida a legitimidade postulatória do assistente da acusação, sua condição é de parte subsidiária, isto é, somente poderá requerer a prisão preventiva ou outras medidas cautelares nas hipóteses em que o MP não o fizer, podendo, contudo, acrescer outro substrato fático ou jurídico.

A normatividade introduzida pela Lei 13.964/2019 afasta a iniciativa dos juízes em Tribunais em decretar qualquer medida cautelar, inclusive a prisão preventiva.[20] Antes do advento dessa lei, essa era a melhor interpretação constitucional. Agora, pela simples leitura do regramento ordinário, se infere que as medidas cautelares somente podem ser decretadas por representação da autoridade policial ou a requerimento do MP, do querelante ou do assistente da acusação. A legislação especial que autorizava a aplicação de medidas cautelares de ofício, deverão receber uma interpretação sistemática, na perspectiva das reformas de 2019.

---

19. Exceto os casos de ação penal privada subsidiária (art, 5°, LIX, CF), dificilmente caberá prisão preventiva nos crimes processáveis por ação penal privada, em razão da pena máxima cominada e das medidas cautelares substitutivas do recolhimento ao cárcere (art. 319 do CP).

20. Acerca da vedação da inciativa cautelar *ex officio* dos juízes e tribunais, v. cap. I, item 10.

5. Momentos da decretação da prisão preventiva

A prisão preventiva, bem como outras medidas cautelares poderão ser decretadas durante a fase preliminar investigativa ou preparatória do processo penal, mediante representação da autoridade policial ou a pedido do MP. Durante o desenvolvimento do juízo cognitivo, desde o oferecimento da denúncia ou da queixa-crime, também poderá ser decretada a prisão preventiva. Ao ser proferido o juízo condenatório, o magistrado deverá manifestar-se acerca da prisão e da liberdade, tomando por base os mesmos requisitos da prisão preventiva. Até o trânsito em julgado da sentença penal, qualquer recolhimento ao cárcere terá como supedâneo uma tutela processual. A prisão pena começará a ser executada após o trânsito em julgado de uma sentença penal.

No Brasil se discute a prisão em segunda instância, ou seja, depois da condenação de um órgão colegiado. Ocorre que a prisão processual sempre pode ser requerida pelo MP e ser decretada, legal e legitimamente, pelos juízes e Tribunais. Mesmo que de execução antecipada de pena esteja sendo denominada, não há título judicial definitivo a ser executado. Diferentemente da esfera cível, no processo penal se trata de cerceamento da liberdade, irreversível e definitivo. Não há nada de provisório e de efeitos modificáveis.

5.1 Fase persecutória e cognitiva

Antes da sentença penal condenatória, a prisão preventiva poderá ser decretada tanto na fase pré-processual, quanto durante a tramitação do processo. Ao receber o auto de prisão em flagrante, uma das alternativas (a última) que o magistrado possui é decretar a prisão preventiva, desde que haja pedido do MP (art. 282, § 2°, CPP, redação dada pela Lei 13.964/2019). Isso quando presentes os pressupostos e requisitos legais. Durante a fase de investigação criminal, ainda, a autoridade policial poderá representar ao juiz a decretação da prisão, situação em que será ouvido o MP. Também, o próprio MP, independentemente da representação da autoridade policial poderá requer a prisão preventiva do autor do fato. Assim, antes do veredicto condenatório, a prisão preventiva poderá ser requerida tanto na fase de investigação, quanto na fase processual propriamente dita.

5.2 Pronúncia do réu

No momento em que o magistrado pronunciar o réu, isto é, determinar o julgamento pelos jurados, também decidirá acerca a prisão e da liberdade do imputado, tendo por base os mesmos pressupostos e requisitos da prisão preventiva, estando o réu preso ou solto. Antes de manter ou recolher o acusado ao cárcere, o magistrado há de vencer dois filtros: cabimento da fiança e das medidas alternativas do art. 319 do CPP. Isso se infere do art. 413, §§ 2º e 3º, do CPP. Depois de afastadas a fiança e as demais medidas alternativas do art. 319 do CPP, é que o juiz analisará o cabimento da prisão. Relativiza-se a prisão por conveniência da instrução criminal nesta fase processual, na medida em que a instrução perante o juiz togado findou, restando os trabalhos em plenário, diante dos jurados. Aplicam-se os princípios constitucionais e os inferidos da sistemática do processo penal.[21]

A estrutura acusatória do processo penal afasta a decretação de medidas cautelares, sem representação da autoridade policial ou pedido da parte acusadora. A prisão decorrente da pronúncia é uma prisão processual, uma medida cautelar, a qual depende de pedido do Ministério Público ou do assistente da acusação.[22]

5.3 Sentença penal condenatória

Ao proferir a sentença penal condenatória, o juiz também manifestar-se-á acerca da prisão e da liberdade do imputado, com base nos pressupostos e requisitos da prisão preventiva, de forma motivada e fundamentada.[23] Isso vem expresso no art. 387, § 1º, do CPP, não se constituindo a prisão um efeito automático da condenação. Aqui também há filtros prévios ao recolhimento imediato ao cárcere ou à manutenção do condenado na prisão. A primeira pergunta que deverá ser respondida é: a pena aplicada gera o recolhimento ao cárcere? A segunda: o caso concreto comporta a aplicação de medidas cautelares diversas da prisão processual? Certo que o juízo condenatório consolida o requisito do *fumus commissi delicti* (indícios de autoria e prova da existência do fato típico, ilícito e culpável); contudo, resta a análise do conteúdo do art. 312 do CPP, do *periculum libertatis*. Evidente que, com o término da instrução processual, não mais se justifica a cautelar como forma de garantir tal situação.

No que tange aos pressupostos, é relevante observar que o parâmetro da cominação da pena máxima não superior a quatro anos, nesse momento processual, comporta análise diversa,[24] na medida em que há uma pena fixada, determinada na sentença, ou seja, antes havia um mínimo e máximos cominados (individualizados ao tipo) pelo legislador; agora, se atingiu outro patamar, ou seja, o da individualização judicial. É esta a pena a ser considerada como pressuposto de aplicação da medida cautelar, pois o balizador máximo se sustenta

---

21. V. capítulo I, acerca dos princípios da fundamentação, presunção de inocência, proporcionalidade e prisão preventiva como medida de *ultima ratio*.

22. V. cap. I, item 10.

23. V. cap. I, item 2 acerca da motivação e fundamentação das medidas cautelares.

24. V. cap. VI, itens 2.1 a 2.5, acerca dos pressupostos da prisão preventiva: fatos novos ou contemporâneos, prática de crime doloso, pena privativa de liberdade máxima superior a quatro anos, ausência de cominação de multa alternativa, afastamento da liberdade provisória e insuficiência das medias cautelares menos gravosas.

até a medição da sanção penal; a partir daí, a delimitação penológica concreta substitui a abstrata.

A nova sistemática implementada pela Lei 13.964/2019 veda a decretação da prisão preventiva de ofício, isto é, o juiz não mais possui a iniciativa para decretar e nem para converter o flagrante em prisão preventiva. Esta depende de representação da autoridade policial ou de pedido do MP, do querelante e do assistente. Portanto, nesta fase processual também se exige postulação das partes acusadoras para outorgar legitimidade à negação do direito de o condenado recorrer em liberdade.[25]

5.3.1 Condenação no Tribunal do Júri

Nas condenações advindas do veredicto dos jurados, há duas situações distintas, segundo a Lei 13.964/2019. É o que se infere do art. 492, I, "*e*", do CPP. Quando a condenação não atingir 15 anos, a perspectiva é idêntica à condenação proferida pelo juiz monocrático, ou seja, ausentes os pressupostos e requisitos da prisão preventiva, o réu possui o direito de recorrer em liberdade. Esse direito pode ser cerceado caso estejam presentes as bases ensejadoras da prisão preventiva. Para que o condenado seja preso ou continue preso, isto é, não tenha o direito de recorrer em liberdade, há necessidade de pedido expresso do MP, em plenário, durante os debates ou antes de ser proclamada a sentença, na medida em que a estrutura acusatória do processo penal afasta a decretação de ofício da prisão processual.[26]

Contudo, segundo o legislador de 2019, quando a pena fixada pelo magistrado Presidente do Tribunal do Júri for igual ou superior a 15 anos, ocorrerá a denominada "*execução provisória*" da pena. Insistiu o legislador em arrostar à presunção de inocência, no recolhimento ao cárcere como a primeira política pública para dar uma resposta à criminalidade, na crença redentora do encarceramento, antecipando a tutela penal material e ferindo a garantia da presunção de inocência. Afronta, tal dispositivo, a CF e os princípios basilares da proteção da liberdade e o desenvolvimento científico do processo penal. Inclusive, contém uma contradição interna, a qual há de ser resolvida em favor da liberdade: o recolhimento ao cárcere é a última das alternativas que o Poder Judiciário há de lançar mão. O equilíbrio entre Justiça, Segurança e Liberdade exige obediência aos fundamentos do Estado Democrático de Direito, sob pena de o próprio Estado não admitir as bases de sua própria constituição e justificação. Nos casos em que a prisão é necessária, sempre houve mecanismos para que o juiz e os

---

25. V. cap. I, item 10.

26. V. cap. I, item 10, acerca da estrutura acusatória nas medidas cautelares, com vedação da iniciativa de ofício do julgador.

Tribunais decretassem a prisão processual. Como afirmado, em se tratando de cerceamento de liberdade, a execução da pena se legitima quanto não houver mais a possibilidade de modificação pelo sistema recursal. Ademais, o legislador não outorgou efeito suspensivo à apelação quando a sanção for superior a 15 anos, podendo, somente em situações excepcionais, concedê-lo, nos termos do art. 492, §§ 4º e 5º, do CPP. De qualquer forma, a prisão não poderá ser decretada de ofício, em nenhuma das situações e, havendo questão substancial a indicar alteração do veredicto dos jurados, a dita execução provisória (*rectius*, prisão automática) poderá ser negada (art. 492, § 3º, CPP).

Observa-se que o STF se perfilava contra a execução antecipada da pena (HC 94.408, rel. Min. Eros Grau, de 2009), com fundamento nos arts. 1º, III - dignidade da pessoa - e 5º, LVII - presunção de inocência -, da CF, camadas superiores, temporal e materialmente, ao art. 637 do CPP (ausência de efeito suspensivo dos recursos aos Tribunais Superiores). Decidia que o recolhimento ao cárcere, antes do trânsito em julgado da sentença penal condenatória somente seria possível com base na exigência cautelar. Entretanto, em 2016, com o HC 126.292, por maioria, o STF alterou o seu posicionamento, passando a admitir a execução da pena antes do trânsito em julgado, desvirtuando a funcionalidade do art. 5º, LVII, da CF, o direito à propriedade, ao trabalho e ao estudo, já que a execução atingiria não só a liberdade do condenado. Negou-se vigência aos arts. 5º, LIV, LV e LVII, da CF: devido processo, ampla defesa e estado de inocência. Após o advento do HC 126.292, os Tribunais Estaduais, Regionais Federais e o STJ, alinharam-se, como regra, ao novel entendimento (V. STJ, Resp. 998.641, *DJe* de 05/05/2017, rel. Min. Ribeiro Dantas), embora, no âmbito do STF, algumas decisões monocráticas passaram a afastar a execução antecipada da pena.

O Plenário do STF, ao julgar as Ações Diretas de Constitucionalidade nº 43, 44 e 54, revisou o entendimento da maioria formada em 2016, julgando procedentes as ADC's para assentar a constitucionalidade do art. 283 do CPP ("*Ninguém poderá ser preso senão em flagrante delito ou por ordem escrita e fundamentada da autoridade judiciária competente, em decorrência de prisão cautelar ou em virtude de condenação criminal transitada em julgado*"). Com isso, os Tribunais retomaram o entendimento anterior a 2016, vedando a execução antecipada da pena.

5.4 Nos Tribunais

Após a decisão acerca da prisão e da liberdade na sentença penal condenatória, a situação praticamente resta definida. Porém, durante a tramitação recursal ordinária, nos dois graus jurisdicionais, poderão advir justificativas modificadoras da situação delimitada na sentença penal (garantia da aplicação da lei penal, *v.g.*).

A presunção de inocência comporta efeitos uniformes, não se bifurcando em dois momentos: até a sentença penal condenatória e depois de interposto o recurso. A justificação da cautela poderá desaparecer com o término do processo no primeiro grau de jurisdição (isso parece estranho, mas não o é, em razão da provisionalidade da cautelar). Contudo, não se pode olvidar que a funcionalidade das cautelares não é a mesma da pena, não se vinculando à tutela penal material. Por isso, não possui a função de antecipar a potestade punitiva, a sanção penal. Segundo Chiavario, conceber a prisão como pena antecipada é uma perversão.[27]

Os tribunais de apelação (Tribunais de Justiça e Tribunais Regionais Federais), ao julgarem o recurso e havendo pedido da acusação, satisfeitos os pressupostos e requisitos legais e epistemológicos, estão autorizados a decretar a prisão preventiva. Aliás, isso não é novidade, ou seja, sempre puderam determinar o encarceramento processual. Contudo, isso dificilmente ocorria. Alheio à segurança jurídica, o vaivém da jurisprudência do STF causa perplexidade e alimenta alguns setores midiáticos, os quais exploram a miséria humana para angariar audiência e numerário. O último round no STF foi o julgamento das ADCS 43, 44 e 54, onde prevaleceu, por um voto de diferença, a vedação da execução antecipada de pena após condenação no segundo grau de jurisdição.

A sistemática do recurso especial e extraordinário afasta, como regra, o efeito suspensivo, na perspectiva do que já dispunha o art. 637 do CPP, aplicável também ao Recurso Especial. Não fosse a garantia da presunção de inocência (art. 5°, LVII, CF), a pena poderia ser executada. Observa-se que mesmo na esfera cível é possível ser concedido o efeito suspensivo (art. 1.029, § 5°, CPC). Toda a sistemática do recolhimento ao cárcere, até aqui, pela interpretação ordinária, se assenta sobre os requisitos da prisão preventiva e, como medida de *ultima ratio*. Contudo, quando se trata de recurso aos Tribunais Superiores, a lei inverte a perspectiva e a prisão passa a ser de *prima ratio*, senão a única. Além da garantia constitucional da presunção de inocência, há de incidir toda a base epistemológica, mormente a proporcionalidade e a prisão como *extrema ratio*. Portanto, ausentes os requisitos da prisão preventiva, descabe a prisão do recorrente, sob pena de antecipação da tutela penal material.

Além do recolhimento ao cárcere para ser cumprida a pena privativa de liberdade, outras formas de "*execução provisória*" ou de cumprimento antecipado da sanção, antes de esgotadas as vias recursais legais, ferem a presunção de inocência e somente poderiam reparar monetariamente os danos daí advindos,

---

27. CHIAVARIO, Mário. *Processo e Garanzie della Persona, II*. Milão: Giuffrè, 3ª ed.,1984, p. 344.

incapazes remediar os danos causados à integridade total do ser humano, em caso de absolvição. Até o esgotamento das vias recursais ordinárias, inclusive do Recurso Especial e do Recurso Extraordinário, com suas impugnações aderentes, como o Agravo, o recolhimento ao cárcere é processual e não material.

6. Situações especiais

6.1 Prisão por descumprimento de outra medida cautelar

O descumprimento da medida alternativa ao recolhimento ao cárcere, nos termos do art. 282, § 4º, do CPP autoriza o juiz a decretar a prisão preventiva, desde que haja pedido das partes. Porém, antes de decretá-la, há necessidade de serem ultrapassados, pelo menos, três filtros: a) falta de justificação adequada do descumprimento (intimação para tal finalidade); b) possibilidade de substituição da medida descumprida por outra; e c) cumulação de outra medida alternativa à descumprida. Vencidos esses três filtros, o juiz, segundo a nova sistemática legal, está autorizado a decretar a prisão preventiva, diante da postulação das partes. Portanto, a motivação fática é o descumprimento injustificado da medida cautelar anteriormente fixada, a insuficiência de ser substituída a cautelar descumprida, e a necessidade de ser cumulada outra cautelar àquela descumprida e não os requisitos dos arts. 311, 312, *caput*, e 313 do CPP. Trata-se de uma sanção processual, como bem observa Geraldo Prado.[28] Observa-se ser o recolhimento ao cárcere uma cautelar extrema, motivo por que outras medidas cautelares devem ser tentadas antes do encarceramento.

6.2 Reincidência em crime doloso

Segundo o art. 313, II, do CPP, quando o sujeito tiver sido condenado por outro crime doloso, em sentença transitada em julgado, não se aplica o inciso I, isto é, independe de a pena cominada ser igual ou inferior a 4 anos. Aqui o legislador deu tratamento diferenciado ao reincidente, em face da reiteração criminosa. Contudo, a prisão preventiva do reincidente em crime doloso não decorre somente dessa condição. O que a lei faz é permitir a prisão preventiva quando o réu for reincidente em crime doloso, mesmo que a pena seja igual ou inferior a 4 anos. Nesses casos deverão ser analisados as bases epistêmicas, pressupostos e requisitos da prisão preventiva, sob pena desta tornar-se automática, suprimindo-se a jurisdição.

Reincidente em crime doloso é aquele que pratica um segundo crime doloso após ter sido condenado definitivamente. Passados cinco anos após o cumprimento

---

28. Prado, Geraldo. "Excepcionalidade da prisão provisória", em *Medidas cautelares no processo penal, prisões e suas alternativas* (Og Fernandes, organizador). São Paulo: RT, 2011, p. 143.

ou extinção da pena, não se fala mais em reincidência (art. 64, CP). Portanto, para ser excepcionada a regra dos quatro anos do art. 313, I, do CPP, segundo o legislador, devem ser observados três requisitos: crime anterior doloso com trânsito em julgado, crime posterior doloso e não ter aplicação do art. 64, I, do CP. Somente após isso é que poderão ser analisados os demais pressupostos e requisitos da prisão preventiva.

Embora a lei não faça referência às espécies de delitos dolosos, em razão de o recolhimento ao cárcere constituir-se na última opção, a extrema *ratio*, a hermenêutica adequada a essa situação restringirá a prisão preventiva ao reincidente específico.

6.3 Dúvida sobre a identidade civil

A identificação criminal é o ato pelo qual a autoridade policial se certifica da identidade do suspeito, utilizando metodologias cientificamente aceitas (datiloscopia, fotografia, DNA, etc.). Nos termos do art. 5º, LVIII, da CF, o civilmente identificado através de documento aceito pela legislação brasileira, não o será na esfera criminal, ressalvadas as situações em que a lei autoriza a identificação. As hipóteses permissivas da identificação, inclusive datiloscópica e fotográfica, estão previstas na Lei 12.037/09. Esta lei autoriza a identificação civil por meio das carteiras de identidade, trabalho, passaporte, carteira de identificação funcional, ou outro documento público que permita a identificação do sujeito.

O art. 3º da Lei 12.037/09 estabelece que, embora apresentado um documento, poderá ocorrer identificação criminal quando: I – o documento apresentar rasura ou tiver indício de falsificação; II – o documento apresentado for insuficiente para identificar cabalmente o indiciado; III – o indiciado portar documentos de identidade distintos, com informações conflitantes entre si; IV – a identificação criminal for essencial às investigações policiais, segundo despacho da autoridade judiciária competente, que decidirá de ofício ou mediante representação da autoridade policial, do Ministério Público ou da defesa; V – constar de registros policiais o uso de outros nomes ou diferentes qualificações; VI – o estado de conservação ou a distância temporal ou da localidade da expedição do documento apresentado impossibilite a completa identificação dos caracteres essenciais.

Portanto, apresentado um dos documentos próprios da identificação civil, o suspeito não poderá ser identificado, ressalvadas as exceções previstas em lei. A previsão legal da identificação criminal, quando for essencial às investigações policiais, incorpora possibilidades defraudadoras da limitação constitucional e dos demais dispositivos da referida lei, e desvirtua a prestação jurisdicional de sua essência, por consagrar atuação *ex officio*. A identificação criminal, quando necessária, nas hipóteses elencadas na lei, poderá ser datiloscópica ou fotográfica (art. 5º, Lei 12.037/09), mas em ambas as modalidades, não poderá haver ofensa à dignidade do sujeito que está sendo identificado (numeração em forma de tabuleta no peito, exposição pública das fotografias, mostra dos dedos banhados de tinta, etc.).

A identificação cumpre uma dupla finalidade: acusar a pessoa certa e evitar a imputação à pessoa diversa da que cometeu o delito. Multiplicam-se as situações em que um sujeito se apropria da documentação de outrem para cometer crimes; em que o sujeito oculta a própria identidade, em razão dos registros policiais ou da existência de mandado de prisão. Por isso, nos termos do art. 313, § 1º, do CPP, cabe a prisão preventiva quando houver dúvida acerca da identidade civil da pessoa ou quando esta não fornecer elementos suficientes para esclarecê-la. Todavia, a prisão preventiva não decorre simplesmente da situação de dúvida, pois, diante desta, o caso poderá comportar alguma das medidas alternativas do art. 319, de modo suficiente a manter a cautelaridade instrumental. Em segundo lugar, a dúvida deverá ser fundada, isto é, emanar de elementos concretos, consignados nos autos. Ademais, sanada a dúvida, com a identificação do sujeito, este deverá imediatamente ser colocado em liberdade plena, diante da satisfação da necessidade específica, salvo a incidência de outra causa motivadora da exigência cautelar.

Observa-se que a lei 7.960/89 (Prisão Temporária), autoriza essa modalidade de prisão quando o indiciado não fornecer elementos necessários ao esclarecimento de sua identidade (art. 1º, II, *in fine*). Esta lei autoriza a prisão temporária por cinco dias, prorrogáveis por outros cinco, salvo a situação da Lei 8.072/90, cujo prazo é de trinta dias, prorrogáveis por mais trinta dias (art. 2º, § 4º).[29]

6.4 Lei Maria da Penha

Segundo o art. 226, § 8º, da CF, o Estado assegurará a assistência à família na pessoa de cada um dos que a integram, criando mecanismos para coibir a violência no âmbito de suas relações (relações familiares). A Convenção sobre a Eliminação de todas as Formas de Discriminação contra as Mulheres, ratificada pelo Brasil, de forma plena, em 1994, enfatiza que a discriminação contra a mulher viola os princípios da igualdade e do respeito à dignidade. O Brasil também ratificou, em 1995, a Convenção Interamericana para Prevenir, Punir e Erradicar a Violência contra a Mulher (Convenção do Pará), a qual conclama ser "*a violência contra a mulher uma ofensa à dignidade humana e uma manifestação de relações de poder, historicamente desiguais entre mulheres e homens*".

---

29. Vid. cap. VI, item 4, acerca da prisão temporária.

O Protocolo Facultativo à Convenção sobre a Eliminação de todas as Formas de Discriminação contra a Mulher também foi ratificado pelo Brasil em 2002.

O *Caso Maria da Penha* (n. 12.051/OEA) entretanto, compeliu o Brasil a ter uma legislação própria acerca da violência contra a mulher. O Brasil não respondeu às três solicitações da Comissão Interamericana de Direitos Humanos. Diante dos 17 anos da tentativa de homicídio sem solução, a Comissão (relatório 54/2001) decidiu ter havido grave violação do prazo razoável, violação da tutela judicial efetiva e desrespeito aos direitos das mulheres. O referido relatório recomendou a continuidade e o aprofundamento do processo de reformas legislativas com o fito de mitigar a tolerância estatal à violência doméstica contra a mulher, a simplificação dos procedimentos criminais, o estabelecimento de formas alternativas para solucionar os conflitos intrafamiliares e a sensibilização da gravidade e das consequências penais que a violência doméstica produz.

Em 2004 a Lei 10.886, criou um tipo especial sobre a violência doméstica, o art. 129, § 9°. Estabeleceu-se uma causa especial de aumento de pena de 1/3. Em 2001, através da Lei 10.224, se criminalizou o assédio sexual (art. 216-A, CP). Porém, foi a Lei 11.340/2006 que introduziu um sistema de proteção integral da mulher vítima de violência doméstica. Em termos cautelares, se verifica um polimorfismo nas medidas previstas (afastamento do lar, proibição de determinadas condutas, fixação de alimentos provisórios, restrição ou suspensão de visitas, prisão preventiva, por exemplo). Esse polimorfismo somente se justifica no plano das medidas cautelares, em razão da proteção integral devida à mulher vítima.

A Lei 12.403/11 alargou a hipótese da prisão preventiva para garantir a execução das medidas protetivas de urgência: "*se o crime envolver violência doméstica e familiar contra a mulher, criança, adolescente, enfermo ou pessoa com deficiência, para garantir a execução das medidas protetivas de urgência*" (art. 313, III, CPP).

Ocorre que as medidas protetivas de urgência, conforme a lei (reserva legal), somente podem ser tomadas quando se tratar de violência doméstica e familiar e a *vítima for a mulher* (o gênero vai mais além do aspecto biológico). Portanto, no âmbito da violência doméstica contra a mulher, poderá ser decretada a prisão preventiva para garantir a execução de medida fixada, a qual tenha sido descumprida pelo autor(a) da violência. Porém, antes de ser decretada a prisão preventiva, medida excepcional no sistema legal (*ultima ratio*), mesmo no âmbito da violência doméstica contra a mulher, é possível aplicar uma ou mais das cautelares previstas no art. 319 do CPP, desde que adequadas e suficientes ao caso concreto. Tal conclusão se chega depois de uma interpretação sistemática do novo paradigma das medidas cautelares. O próprio art. 319 do CPP, em seu inciso II prevê a "*proibição de acesso ou frequência a determina-*

dos lugares quando, por circunstâncias relacionadas ao fato, deva o indiciado ou acusado permanecer distante desses locais para evitar o risco de novas infrações". Diante do descumprimento da medida cautelar diversa da prisão preventiva, a última alternativa é o encarceramento, segundo o art. 282, § 4°, do CPP ("*...em último caso decretar a prisão preventiva...*"). Primeiramente o juiz analisará a possibilidade de substituir a medida cautelar por outra; em segundo lugar, verificará a suficiência, no caso concreto, de cumular uma outra cautelar à medida descumprida e, por último, então, decretar a prisão preventiva. Portanto, a prisão preventiva não é a primeira opção do magistrado, diante do descumprimento da medida protetiva. Nesse tema, ainda, há que ser considerada a espécie de descumprimento e a verdadeira desproporção entre a exigência de cautela e o resultado penológico, sendo adequado buscar outra alternativa para satisfazer a exigência cautelar, em cada caso concreto.

A exigência cautelar penal, inclusive no âmbito da violência doméstica, passa pelos filtros dos pressupostos e requisitos das medidas cautelares (*fumus comisssi delicti* e *periculum libertatis*), da adequação e necessidade, no contexto fático. O simples decretar a prisão preventiva poderá garantir, temporariamente, a medida protetiva, mas não oferecerá a proteção integral devida, motivo por que as soluções mais duradouras, inclusive judiciais, são mais protetivas da mulher. Contudo, há situações em que não há outra alternativa possível e viável ao caso concreto.

6.5 Lei Antidrogas e Crimes Hediondos

Segundo o art. 44 da Lei 11.343/06, os delitos tipificados nos arts. 33, *caput* e § 1° (tráfico de entorpecentes), 34 (manuseio de instrumentos destinados à produção da droga), 35 (associação para o tráfico), 36 (financiamento e custeio do tráfico) e 37 (colaboração como informante de grupo, associação ao tráfico) são insuscetíveis de liberdade provisória. Na mesma perspectiva, o art. 59 da mesma Lei veda o recurso em liberdade do condenado por esses crimes, salvo quando primário e de bons antecedentes.

A Lei dos Crimes Hediondos (art. 2° da Lei 8.072, de 25 de julho de 1990 veda a anistia, a graça, o indulto e a fiança no tráfico ilícito de entorpecentes e de drogas afins. Porém, no mesmo art. 2°, em seu parágrafo 3°, admite que o condenado por crime hediondo recorra em liberdade. Foi a Lei 11.464/2007 que modificou a Lei dos Crimes Hediondos, na medida em que, em sua redação original (art. 2°, II), vedava a liberdade provisória. Isso se aplicava ao tráfico ilícito de entorpecentes, por força do *caput* do art. 2° da mesma lei. A Lei de tóxicos é anterior à Lei 11.464/2007. Portanto, os dispositivos vedatórios da liberdade provisória restaram revogados, inclusive no que tange ao recurso em liberdade. Ademais, com a nova situação da prisão processual, a partir de 2008 (reformas nos procedimentos criminais, prova e sentença), consolidada em 2011 (reforma das medidas cautelares pessoais), a motivação jurídica para recorrer em liberdade se vincula aos requisitos da prisão preventiva (art. 312, CPP) e não à primariedade e aos bons antecedentes.

Além disso, o STF, ao julgar o HC 97.256/RS, em 01.09.2010, declarou a inconstitucionalidade do óbice da substituição da pena privativa de liberdade por penas restritivas de direito (art. 44, Lei 11.343/2006).[30] Permitida a substituição

---

30. V. STF, HC 97.256, Rel. Min. Ayres de Brito, DJ de 16.12.2010: "1...2...3. As penas restritivas de direitos são, em essência, uma alternativa aos efeitos certamente traumáticos, estigmatizantes e onerosos do cárcere. Não é à toa que todas elas são comumente chamadas de penas alternativas, pois essa é mesmo a sua natureza: constituir-se num substitutivo ao encarceramento e suas seqüelas. E o fato é que a pena privativa de liberdade corporal não é a única a cumprir a função retributivo-ressocializadora ou restritivo-preventiva da sanção penal. As demais penas também são vocacionadas para esse geminado papel da retribuição-prevenção-ressocialização, e ninguém melhor do que o juiz natural da causa para saber, no caso concreto, qual o *tipo* alternativo de reprimenda é suficiente para castigar e, ao mesmo tempo, recuperar socialmente o apenado, prevenindo comportamentos do gênero. . No plano dos tratados e convenções internacionais, aprovados e promulgados pelo Estado brasileiro, é conferido tratamento diferenciado ao tráfico ilícito de entorpecentes que se caracterize pelo seu menor potencial ofensivo. Tratamento diferenciado, esse, para possibilitar alternativas ao encarceramento. É o caso da Convenção Contra o Tráfico Ilícito de Entorpecentes e de Substâncias Psicotrópicas, incorporada ao direito interno pelo Decreto 154, de 26 de junho de 1991. Norma supralegal de hierarquia intermediária, portanto, que autoriza cada Estado soberano a adotar norma comum interna que viabilize a aplicação da pena substitutiva (a restritiva de direitos) no aludido crime de tráfico ilícito de entorpecentes. 5. Ordem parcialmente concedida tão-somente para remover o óbice da parte final do art. 44 da Lei 11.343/2006, assim como da expressão análoga *"vedada a conversão em penas restritivas de direitos"*, constante do §4° do art. 33 do mesmo diploma legal. Declaração incidental de inconstitucionalidade, com efeito *ex nunc*, da proibição de substituição da pena privativa de liberdade pela pena restritiva de direitos; determinando-se ao Juízo da execução penal que faça a avaliação das condições objetivas e subjetivas da convolação em causa, na concreta situação do paciente. No mesmo sentido, vid. HC 97346, Rel. Min. Eros Grau, j. em 25/.05.2010: "1. A jurisprudência desta Corte está sedimentada no sentido de que a gravidade do crime não justifica, por si só, a necessidade da prisão preventiva. Precedentes. 2...3. Liberdade provisória indeferida com fundamento na vedação contida no art. 44 da Lei n. 11.343/06, sem indicação de situação fática vinculada a qualquer das hipóteses do artigo 312 do Código de Processo Penal. 4. Entendimento respaldado na inafiançabilidade do crime de tráfico de entorpecentes, estabelecida no artigo 5°, inciso XLIII da Constituição do Brasil. Afronta escancarada aos princípios da presunção de inocência, do devido processo legal e da dignidade da pessoa humana. 5. Inexistência de antinomias na Constituição. Necessidade de adequação, a esses princípios, da norma infraconstitucional e da veiculada no artigo 5°, inciso XLIII da Constituição do Brasil. A regra estabelecida na Constituição, bem assim na legislação infraconstitucional, é a liberdade. A prisão faz exceção a essa regra, de modo que, a admitir-se que o artigo 5°, inciso XLIII estabelece, além das restrições nele contidas, vedação à liberdade provisória, o conflito entre normas estaria instalado. 6. A inafiançabilidade não pode e não deve --- considerados os princípios da presunção de inocência, da dignidade da pessoa humana, da ampla defesa e do devido processo legal --- constituir causa impeditiva da liberdade provisória. 7. Não se nega a acentuada nocividade da conduta do traficante de entorpecentes. Nocividade aferível pelos malefícios provocados no que concerne à saúde pública, exposta a sociedade a danos concretos e a riscos iminentes. Não obstante, a regra consagrada no ordenamento jurídico brasileiro é a liberdade; a prisão, a exceção. A regra cede a ela em situações marcadas pela demonstração cabal da necessidade da segregação *ante tempus*. Impõe-se, porém ao Juiz o dever de explicitar as razões pelas quais alguém deva ser preso ou mantido preso cautelarmente. Ordem concedida a fim de que o paciente seja posto em liberdade, se por al não estiver preso".

da pena privativa de liberdade por restritivas de direito, as quais não implicam recolhimento ao cárcere, resta admitida, implicitamente, a liberdade provisória.

Portanto, mesmo em se tratando dos delitos tipificados na Lei 11.343/06, se faz mister analisar a base epistemológica, os pressupostos e requisitos previstos no CPP. Com o reconhecimento do tráfico privilegiado (art. 33, § 4º, Lei 11.343/06) a sanção privativa de liberdade, como regra, resta reduzida a patamares que possibilitam a substituição da pena privativa de liberdade por restritivas de direito. Por isso, não se justifica a prisão preventiva tão-só pelo crime praticado. A hipótese da incidência do privilégio a cada caso concreto é uma exigência legal e constitucional que afasta o caráter hediondo do crime. Quando o réu, mesmo condenado, no final do processo restaria com a pena privativa de liberdade substituída por restritivas de direito, não se justifica o encarceramento imediato.

7. Tempo da prisão preventiva e revisão periódica

Até a Lei 13.964/2019, o nosso sistema processual não determinava a revisão periódica da prisão preventiva. Ainda não estipula um prazo de duração máxima da prisão preventiva. Um certo avanço houve com a inclusão do parágrafo único ao art. 316 do CPP. A partir de agora, a cada 90 dias[31] deverá ser revisada pelo juízo, a necessidade de continuação da prisão, independentemente de pedido das partes, mediante provimento motivado e fundamentado, situação aplicável às demais medidas cautelares. Portanto, não basta enunciar a permanência da necessidade da custódia cautelar ou de seus motivos; faz-se necessário, segundo dicção da normatividade ordinária, uma decisão fundamentada, inclusive do descabimento das medidas alternativas do art. 319 do CPP.

Diante da inexistência de regra específica acerca do tempo máximo do recolhimento preventivo ao cárcere, há que ser buscado um critério no próprio sistema. Um deles é a duração da pena privativa de liberdade. Tanto poderá ser a máxima quanto a mínima. Em face do critério redutor buscado no sistema, o parâmetro da pena mínima se revela mais protetivo do direito de liberdade. Um dos fatores da redução poderá ser o do tempo necessário à progressão de regime, previsto no art. 112 da Lei 7.210/84 (Lei de Execução penal), cujos prazos de cumprimento foram modificados pela Lei 13.964/2019. Assim, o tempo máximo de duração da prisão preventiva resultaria da redução de 16% da pena mínima, se o agente for primário e o crime tiver sido cometido sem violência à pessoa ou grave ameaça (art. 112, I, LEP) e 25% da pena mínima se o apenado for primário e o crime tiver sido cometido com violência à pessoa

31. Vários Códigos de Processo Penal da América espanhola estabelecem a revisão dos processos de preso a cada três meses: Costa Rica, El Salvador, Paraguai, República Dominicana, Venezuela.

(art. 112, III, LEP). Portanto, em um homicídio simples, com agente primário, a duração máxima da prisão preventiva seria de um ano e seis meses. Trata-se de uma tese factível, razoável, possível, extraída do próprio sistema criminal. Esse parâmetro haveria que ser dividido em percentuais, a cada fase: investigação, processamento no primeiro grau, processamento na segunda instância e nos Tribunais Superiores.

8. Prisão domiciliar

Após a decretação da prisão preventiva, o caso concreto poderá autorizar o juiz a recolher o sujeito em sua residência, nas hipóteses expressamente autorizadas no art. 318 do CPP: maior de 80 anos, pessoa extremamente debilitada por motivo de doença grave, gestante, imprescindibilidade do agente aos cuidados especiais de pessoa menor de 6 anos ou com deficiência, mulher com filho de até 12 anos de idade incompletos ou do único responsável pelos cuidados de filho com esta idade. Trata-se de substituição da prisão preventiva pela prisão domiciliar, por razões humanitárias, na perspectiva da proteção da dignidade da pessoa humana (art. 1º, III, CF). Seu cumprimento ocorre com o recolhimento do sujeito à sua residência, não podendo dela sair sem permissão judicial. Contudo, também se submete ao controle judicial e aos demais requisitos cautelares, inclusive aos prazos de duração, devido à sua excepcionalidade. No caso específico da mulher gestante, mãe ou responsável por criança que necessite de cuidados especiais, a lei 13.769/2018, que incluiu o art. 318-A e seus incisos, ao CPP, restringe a prisão domiciliar às hipóteses em que a mulher não tenha cometido crime com violência ou grave ameaça à pessoa e não tenha cometido o delito contra o filho ou dependente. Não há justificativa plausível ao óbice acerca da espécie de delito, na medida em que a proteção diz respeito à mulher gestante, mãe e responsável pela criança, cujos cuidados serão dispensados à criança. Situação diversa é a que ocorre com o art. 318-A, II, CPP, na medida em que o delito praticado contra filho ou dependente afasta a exigência de cuidado.

Por outro lado, o recolhimento domiciliar previsto no art. 117 da Lei 7.210/84 não é substitutivo da prisão preventiva, mas uma alternativa à pena privativa de liberdade definitiva (I- condenado maior de 70 anos; II - acometido de doença grave; III - condenada com filho menor, deficiente físico ou mental; IV - condenada gestante), desde que estiverem no regime aberto. Aqui, a restrição legal ao regime aberto comporta uma interpretação ao caso concreto, tendo como norte a sua funcionalidade protetiva e da pena privativa de liberdade.

Embora a lei estabeleça o parâmetro dos 80 anos à primeira hipótese de prisão domiciliar (art. 317, I, CPP), considerando ser um dos objetivos dessa espécie de prisão a proteção do idoso, é razoável uma interpretação na perspectiva de seu estatuto (Lei 10.741/2003), o qual considera idosa a pessoa com idade igual ou superior a 60 anos (art. 1º), ocasião em que a necessidade de acautelar um processo diminuem consideravelmente.

Várias são as doenças graves transmissíveis na promiscuidade e insalubridade do cárcere. Ademais, a execução da pena privativa de liberdade a um doente grave e extremamente debilitado possui peculiaridades a serem examinadas no caso concreto. Não há uma definição do que seja grave e nem quando alguém pode ser considerado extremamente debilitado (art. 317, II, CPP). A Receita Federal para isentar o aposentado do imposto de renda considera graves as seguintes doenças: síndrome da imunodeficiência adquirida, alienação mental, cardiopatia grave, cegueira, contaminação por radiação, osteíte deformante; doença de Parkinson, esclerose múltipla, espondiloartrose, anquilosante, fibrose cística, hanseníase, nefropatia grave, hepatopatia grave, neoplasia maligna, paralisia irreversível e incapacitante, tuberculose ativa.[32] Todavia este é apenas um norte à verificação da gravidade: para fins de imposto de renda. Mesmo nesse âmbito se discute a possibilidade de isenção nos casos de outras doenças consideradas graves, desde que haja comprovação mediante exames, documentos médicos ou laudo médico.

Assim, sempre que um laudo médico afirmar a gravidade da doença e que o sujeito se encontra, em razão desta, extremamente debilitado, é de ser substituída a prisão preventiva pela prisão domiciliar e a pena privativa de liberdade por recolhimento residencial, com a devida fiscalização.

Quando o indivíduo, homem ou mulher, for imprescindível aos cuidados de pessoa menor de seis anos de idade ou deficiente, a prisão preventiva também pode ser substituída pela domiciliar (art. 317, III, CPP). Os cuidados especiais se relacionam à necessidade de proteção, na medida em que a criança e o deficiente não possuem a plena compreensão e capacidades à sua manutenção e convivência em família e na sociedade. O núcleo do problema está nos cuidados que a pessoa necessita, em razão da restrição ou da lesão, e não na espécie de deficiência que possui. A hipótese do art. 317, IV, do CPP objetiva a proteção da gestante e do nascituro.

É taxativo o rol do art. 318 do CPP? Considerando ser o recolhimento ao cárcere, antes de uma sentença penal condenatória com trânsito em julgado, a *ultima ratio* das medidas cautelares a ser imposta (art. 282, §§ 4º e 6º, CPP), a perspectiva é de ser o rol do art. 318 do CPP, meramente exemplificativo. É a interpretação razoável que também pode ser dada ao art. 117 da LEP. Com a integração da hipótese em que não há estabelecimento que cumpra as regras convencionais, constitucionais e da legislação ordinária (lotação além do que

32. Em www.receita.fazenda.gov.br, acesso em 13/02/2020.

comporta o estabelecimento penitenciário, inexistência de estabelecimento compatível com o regime da condenação ou do fixado na progressão, por exemplo). Nessa perspectiva, há de ser integrada ao art. 318 do CPP a inexistência de estabelecimento ou compartimento distinto para separar os presos, nos termos do art. 300 do CPP. A Lei 13.445/2017 (Lei da Migração), em seu art. 86 prevê a hipótese de prisão domiciliar ao extraditando até o julgamento da extradição ou a entrega.

A lei exige a comprovação das situações autorizadoras da prisão domiciliar. Prova-se a idade por meio de qualquer documento público. Demonstra-se a doença grave e a debilitação do sujeito, bem como a gestação de alto risco, mediante laudo médico ou documentos médicos idôneos. A necessidade de cuidados especiais do menor ou do deficiente poderá ser auferida através de laudos de técnicos especializados (assistentes sociais, psicólogos, etc.). Por ser medida substitutiva da prisão preventiva, isto é, o juiz decreta a prisão preventiva e defere o cumprimento da prisão na residência do preso, a situação comporta detração, com a aplicação do art. 42 do CP.

9. Relaxamento e revogação da prisão preventiva

Nos termos do art. 5°, LXV, da CF, a prisão ilegal será imediatamente relaxada pela autoridade judiciária. O art. 310, I, do CPP diz respeito ao relaxamento da prisão ilegal decorrente da lavratura do auto de prisão em flagrante. Todavia, a ilegalidade também poderá ocorrer na decretação da prisão preventiva, quando esta não preencher as garantias constitucionais, os pressupostos e os requisitos legais: fundamentação, contraditório, adequação e necessidade, espécie de crime, quantidade de pena cominada, por exemplo.

A revogação não se relaciona com a ilegalidade, embora também torne sem efeito a prisão, mas com o fim da base fática e jurídica do *decisum*. O término pode referir-se ao *fumus commissi delicti* (diminuição ou insubsistência, mesmo no curso do processo, da existência de um fato típico, ilícito e culpável, bem como ao desaparecimento ou diminuição do espectro dos indícios suficientes de autoria) e também ao *periculum libertatis* (término da instrução criminal, por exemplo). A absolvição acarreta a revogação imediata da prisão e de qualquer outra medida cautelar, com a soltura do acusado, em razão do desaparecimento da exigência cautelar.

Revogada a prisão, o suspeito, indiciado ou acusado retorna ao *status quo* de liberdade plena. Outra prisão preventiva somente seria possível com a alteração da situação existente quando da revogação, a qual tornou ineficaz o ato.

10. A lógica civilista e inquisitorial

A ausência de critérios objetivos integradores dos conceitos de ordem pública e econômica, de conveniência de instrução criminal, de aplicação da lei penal, permitem a manutenção e incorporação de elementos estranhos ao processo penal e à aplicação da lei penal. A perspectiva inquisitorial buscava a verdade a qualquer preço, mesmo que fosse com a tortura, ademais de partir do pressuposto de que todos nascem culpados e deveriam provar a inocência, caso quisessem escapar da pena (presunção de culpa). A confissão era essencial, redentora e pacificadora do veredicto. A incorporação dessas perspectivas, de forma genética, gerou um paradigma difícil de ser transposto: é melhor investigar quando o suspeito está preso; primeiro se decreta a prisão, e depois se verifica o resultado; está preso porque não colaborou, por exemplo.

A vinculação da prisão cautelar a fundamentos de ordem material, e não processual, mais se aproxima do âmbito do direito privado. Avançou-se um pouco nas reformas parciais de 2008 (definição de prova e de argumento de prova, contraditório como essência da prova, *cross examination*, interrogatório como último ato da instrução, unicidade da audiência, identidade física do juiz, simplificação dos quesitos no júri), na de 2011, com a previsão de alternativas cautelares ao cárcere (art. 319, CPP) e, recentemente, com a Lei 13.964/2019 (enunciação de uma estrutura acusatória de processo, juiz de garantias, audiência de custódia, vedação do decreto de ofício pelo magistrado, revisão da prisão a cada 90 dias, por exemplo). Contudo, permanecem no sistema relevantes resquícios inquisitoriais, tanto na normatividade ordinária (juiz produzindo prova e recorrendo de ofício, potencialização da figura da vítima, por exemplo) quanto na *law in action* ("*réu é um perigo à sociedade!*", "*conduta causou um alarde social*", "*há perigo de represália contra o imputado*", "*prisão do réu para proteger a vítima*", "*recolher o réu para protegê-lo*", identificação do julgador com a vítima e da defesa com o autor do fato, defensor e réu como inimigos do Estado, por exemplo). Observa-se que mesmo as últimas reformas processuais da América, mais precisamente dos de influência espanhola, não abandonaram definitivamente as raízes inquisitoriais, isto é, na direção de um processo penal convencional e constitucionalmente garantidos.[33]

O enraizamento cromossômico do recolhimento preventivo ao cárcere como política pública de *prima ratio*, da perda ou diminuição de poder com as cautelares alternativas, a concepção de antecipação da tutela penal material pelo processo evidenciaram-se com a repulsa do art. 319 do CPP na práxis forense.

---

33. O CPP do Chile de 2000 e o da Colômbia de 2004 também justificam o encarceramento prévio no perigo à segurança da sociedade ou da vítima. O CPP de El Salvador, de 1996, admite o alarma social como justificativa da prisão preventiva.

A ideia de unidade do processo, desde os trabalhos das comissões de reforma, passando pela doutrina e pela jurisprudência, mantiveram a incorporação histórica de elementos típicos do processo civil ao processo penal. Nesse não pode haver vínculos de colaboração entre os sujeitos processuais, sob pena de a colaboração defensiva com a acusação ferir de morte a garantia constitucional da plenitude de defesa no Tribunal do Júri (art. 5º, XXXVIII, "*a*", CF) e da ampla defesa (art. 5º, LV, CF) em todos os processos. O regime das nulidades no processo penal não mais comporta a divisão dicotômica em nulidades relativas e absolutas e a perspectiva do prejuízo. Evolui-se, em termos científicos, da desvinculação do processo penal da vingança privada, dos interesses individuais da vítima, dos interesses econômico-financeiros, reparatórios, mas se verificou nas reformas parciais de 2008, a incorporação desses elementos espúrios no processo penal (fixação de valor a título de reparação, cientificações exageradas da vítima). Não se aplica ao processo penal a possibilidade de antecipação da tutela. Isso reflete um modelo de processo penal desvinculado das garantias constitucionais e dos diplomas internacionais ratificados pelo Brasil.

CAPÍTULO VII

CAUTELARES ALTERNATIVAS AO CÁRCERE

1. Considerações iniciais

A Lei 12.403, de 04 de maio de 2011 introduziu em nosso sistema jurídico-criminal, outras medidas restritivas, diversas do recolhimento ao cárcere por meio da prisão preventiva, quando presente exigência cautelar.[1] Assim como na prisão preventiva, as demais medidas cautelares não possuem o objetivo de obter uma colaboração do sujeito preso e nem uma antecipação da tutela penal material. Não são medidas substitutivas da prisão preventiva,[2] mas alternativas ao encarceramento (prisão preventiva), embora não percam o seu caráter de cautelaridade e nem o de constrangimento ao suspeito, imputado ou acusado da prática de uma infração criminal. Ocupam, portanto, uma posição intermediária entre a liberdade e a prisão processual. É indubitável restar parcialmente afetado, em certas medidas cautelares, o direito à liberdade; contudo, essa limitação não ocorre com o recolhimento à prisão, com o encarceramento, mas com outras formas conservativas da prova (probatória ou fática-conservativa), constrangedoras em menor grau do direito de ir e vir ou inibitórias de futuras infrações criminais.[3]

---

1. Grevi, Vittorio. *Compendio di Procedura Penale*. Pádua: CEDAM, 2010, p. 388, utiliza a expressão.

2. Desvinculado da nova sistemática cautelar o disposto no art. 282, § 6°, do CPP (a prisão preventiva será determinada quando não for cabível a sua substituição por outra medida cautelar). Na realidade, a medida cautelar não substitui a prisão preventiva, mas se constitui em uma alternativa desta, sempre quando estiver presente a exigência cautelar, com seus requisitos e pressupostos. O que se admite é o contrário, ou seja, a prisão preventiva ser substituída por outra medida cautelar, sempre que diminuir a exigência de cautela.

3. V. Sanguiné, Odone. *Prisión Provisional y Derechos Fundamentales*. Barcelona: Tirant lo

O Comitê de Ministros do Conselho Europeu, já em 1965, emitiu a Resolução (65)11, de 09 de abril, recomendando aos países membros a substituição da prisão preventiva por medidas alternativas. Dentre essas elencou: o controle domiciliar, a saída do domicílio somente com autorização judicial, o comparecimento periódico na presença de autoridades, a retirada do passaporte e outros documentos.[4] O tema novamente foi objeto da Recomendação (80) 11, de 27 de junho de 1980, do Conselho de Ministros, ao editar uma série de princípios aplicáveis às medidas alternativas, repisando as anteriores e enunciando outras: promessa de não obstaculizar a justiça, obrigação de residir em determinado local, não frequentar determinados lugares, apresentação periódica, entrega de passaporte e documentos, caução ou outras garantias.[5]

Além da reserva jurisdicional, se aplica a reserva legal. Assim, a discricionariedade do magistrado está limitada pelo rol das medidas cautelares autorizadas pelo legislador, com fundamento no princípio do devido processo penal (art. 5°, LIV, CF) e art. 7°.2 da CADH ("*ninguém pode ser privado de sua liberdade física, salvo pelas causas e nas condições previamente fixadas pelas constituições políticas dos Estados-Partes ou pela leis de acordo com elas promulgadas*"). A legalidade, com antes referido, se constitui em garantia limitadora da incidência da potestade punitiva e de afirmação dos direitos fundamentais do sujeito.[6] Portanto, o rol elencado no art. 319 do CPP é taxativo. Ademais, em face da legalidade, não se aplica o poder cautelar geral do âmbito civil na esfera criminal. A aplicação das medidas cautelares diversas do recolhimento ao cárcere, embora de forma mais amena, também limita direitos do imputado. Representam uma resposta intermediária entre a ausência de cautela do recolhimento à prisão, mas sempre com finalidade instrumental e não material.

Blanch, 2003, p. 666 e ss., quando já defendia a introdução de medidas alternativas ao cárcere, as quais assegurassem o efetivo comparecimento do imputado em juízo.

4. Consta, expressamente no item 1, letra "*g*": *surveillance in the home; injunction against leaving a particular place or district without the permission of the judge; order to appear periodically before certain authorities; seizure of passport or other identification papers; provision of security; sending of young offenders to a special institution.*

5. Item 15. *When examining whether custody pending trial can be avoided, the judicial authority shall consider all available alternative measures, which may include the following: a promise of the person concerned to appear before the judicial authority as and when required and not to interfere with the course of justice; a requirement to reside at a specified address (e.g. the home, a bail hostel, a specialized institution for young offenders, etc.) under conditions laid down by the judicial authority; a restriction on leaving or entering a specified place or district without authorization; an order to report periodically to certain authorities (e.g. court, police, etc.); surrender of passport or other identification papers; provision of bail or other forms of security by the person concerned, having regard to his means; provision of surety; supervision and assistance by an agency nominated by the judicial authority*. Vid. Cruz, Rogério Schietti Machado. *Prisão Cautelar: dramas, princípios e alternativas*. RJ: Lumen Juris, 2006, p. 129 e ss., sobre a tendência mundial na adoção das medidas alternativas ao recolhimento ao cárcere.

6. V. cap. I, item 4, acerca da reserva legal.

Quando são cabíveis as medidas cautelares alternativas? Sempre que houver necessidade de acautelar o desenvolvimento normal do processo e o recolhimento ao cárcere for uma medida excessiva, desproporcional ao crime praticado, consideradas a necessidade e a adequação, nos termos do art. 282, I e II, do CPP. Em suma, quando a necessidade de acautelamento for menos intensa, de modo que a prisão preventiva resulte excessiva. Todavia, se exige a necessidade de cautela.

Qual a medida alternativa a ser aplicada? A resposta legítima, partindo dos diplomas internacionais e da CF, afasta as superficialidades encontradas em alguns veículos de mídia. No mínimo há de ser considerado o contido no art. 282 do CPP: necessidade, adequação da medida às necessidades de acautelamento do caso concreto, optando-se sempre pela via menos gravosa ao sujeito. Ademais, se exige a configuração dos pressupostos e dos requisitos da cautelaridade, interpretados na perspectiva dos diplomas internacionais e da CF. Por isso, a acumulação de medidas se encontra em um patamar de maior exigência cautelar, como nas hipóteses de descumprimento (art. 282, § 4º, CPP), aproximativas da exigência de recolhimento ao cárcere.

Aplicam-se às medidas cautelares alternativas os princípios desenvolvidos no primeiro capítulo: reserva jurisdicional qualificada; motivação e fundamentação das decisões; presunção de inocência; reserva de lei; contraditório; provisionalidade ou situacionalidade: fatos novos, concretos ou contemporâneos; duração razoável da medida cautelar: temporalidade; proporcionalidade; revisão da decisão a cada 90 dias; vedação da iniciativa *ex officio* dos juízes e Tribunais.[7]

2. Natureza jurídica e objetivos

As medidas cautelares, mesmo diversas da prisão, produzem um constrangimento ao imputado, uma limitação a seus direitos, embora com menor intensidade do produzido pelo recolhimento ao cárcere. Este, embora não resulte de uma sentença penal condenatória, engendra os mesmos danos e sofrimentos do recolhimento à prisão após uma sentença penal condenatória. Nesta, inclusive, o condenado poderá ser posto imediatamente no regime da condenação, o que não ocorre na prisão preventiva, antes de sentenciado, situação assemelhada ao cumprimento da pena em regime integral fechado.

A prisão e as medidas cautelares não representam uma antecipação da tutela penal material, mas se situam na perspectiva de assegurar a instrumentalidade do devido processo penal ("*instrumento do instrumento*"), desde a fase preparatória do processo penal até a eficácia de seu resultado (aplicação da lei penal). Por

7. V. cap. I, itens 1 a 10, acerca dos fundamentos epistemológicos das medidas cautelares pessoais.

isso, as medidas alternativas à prisão preventiva se inserem na tutela processual assecuratória, não antecipatória da tutela material e nem estão imbuídas de funcionalidades satisfativas.

Um dos objetivos das medidas cautelares diversas da prisão preventiva era diminuir a ampla utilização, no Brasil, da prisão preventiva. Segundo: oferecer ao magistrado, alternativas cautelares, rompendo-se com a dicotomia reducionista prisão/liberdade total. A aplicação de uma cautelar não concede ao sujeito passivo a liberdade plena, diante da permanência de certas limitações, inclusive no ir e vir (não frequentar, comparecer, por exemplo). Terceiro: outorgar a cautelar de prisão preventiva o seu lugar constitucional e convencional, ou seja, o de *ultima ratio*, de medida excepcional e proporcional à situação concretizada nos autos. Em quarto lugar, manter o controle sobre o sujeito e suas atividades, sobre os atos processais e no desenvolvimento do processo, situação menos onerosa que o recolhimento ao cárcere, satisfazendo certa exigência cautelar.

As medidas cautelares do art. 319 do CPP se constituem em alternativas ao cárcere e não em medidas fomentadoras do encarceramento (descumpre, decreta a preventiva), possuindo ainda as seguintes características: cumulatividade (descumprimento e adição de outra medida), revogabilidade (descumprimento e não cabimento de outras medidas cautelares) e fungibilidade (substituídas por outras).

3. Pressupostos e requisitos

Pelo menos, três pressupostos das medidas cautelares alternativas são idênticos aos da prisão preventiva: fatos novos ou contemporâneos, ausência de cominação da pena de multa e o descabimento da liberdade provisória. Isso porque nessas três hipóteses resta afastada a exigência de cautelar. Porém, não são exigências da cautelaridade alternativa ao cárcere a prática de crime doloso e nem ser a pena máxima cominada superior a quatro anos. Esses dois pressupostos são específicos e adequados à prisão preventiva (crimes de maior entidade), mas não às exigências de acautelamento menos intenso, mas necessário[8]. Porém, deverão ser observados os princípios aplicáveis às medidas cautelares, tratados no capítulo I.

A opção metodológica, como observado no capítulo VI, item 3, foi considerar como requisitos: a) *fumus commissi delicti*; e b) *periculum libertatis*. Em razão da exigência cautelar, os requisitos do *fumus commissi delicti* e do

---

8. V., nesse sentido, Badaró, Gustavo Henrique. "Medidas cautelares alternativas à prisão", em *Medidas cautelares no processo penal, prisões e suas alternativas*. São Paulo: RT, 2011, p. 221; Cruz, Rogério Schietti. *Prisão cautelar, dramas, princípios e alternativas*. Rio de Janeiro: Lumen Juris, 2ª ed., 2011, p. 141; Lopes Jr. Aury. *O novo regime jurídico da prisão processual, liberdade provisória e medidas cautelares* diversas. Rio de Janeiro: Lumen Juris, 2011, p. 125.

periculum libertatis também são exigíveis às medidas cautelares do art. 319 do CPP. Portanto, são cabíveis quando demonstrada a existência de um fato típico, ilícito e culpável, desde que haja indícios suficientes de autoria. Igualmente, há necessidade da presença de uma das hipóteses do art. 312 do CPP: garantia da ordem pública e econômica, conveniência da instrução criminal e para assegurar a aplicação da lei penal. Assim, há simetria e identidade entre os requisitos da prisão preventiva e os das medidas cautelares diversas ao recolhimento ao cárcere; porém, no que tange aos pressupostos, não se verifica identidade em todos eles.

3.1 Requisitos especiais

Além dos pressupostos e requisitos gerais já referidos, há especificidades próprias, inclusive funcionais, em cada medida cautelar contida no art. 319 do CPP. Portanto, além da análise da parte geral das cautelares (pressupostos e requisitos), se faz mister averiguar os requisitos especiais, bem como a funcionalidade própria de cada medida cautelar. No caso do art. 319, II, do CPP, o requisito especial é o dever de permanecer distante de certos locais, cuja funcionalidade é evitar o risco de novas infrações. Já o art. 319, III, do CPP pretende evitar a aproximação à determinada pessoa. Na hipótese do art. 319, V, do CPP se exige residência e trabalho fixos. O requisito especial no caso do art. 319, VI, do CPP é ser funcionário público ou exercer atividade de natureza econômica ou financeira, tendo por funcionalidade evitar a utilização da função ou atividade à prática de infrações criminais. No caso da internação, há necessidade de utilização de violência ou de grave ameaça na prática do crime, bem como de laudo concludente da inimputabilidade ou da semi-imputabilidade, cuja funcionalidade é evitar o risco de reiteração criminosa (art. 319, VII, CPP). A fiança do art. 319, VIII, do CPP exclui a aplicação em certos delitos considerados inafiançáveis pela CF e pelo próprio CPP, possuindo uma funcionalidade específica, ou seja, a de assegurar o comparecimento do sujeito ao processo, bem como evitar a obstrução do andamento processual.

O comparecimento periódico em juízo (art. 319, I, CPP) não possui requisitos e nem funcionalidade além da generalidade, embora possa vincular-se à motivação da garantia da aplicação da lei penal. Isso porque o objetivo é manter o sujeito vinculado à Comarca onde tramita o processo. Na mesma perspectiva, a proibição de ausentar-se da Comarca vincula o sujeito ao processo e ao local de tramitação deste, por conveniência da investigação e instrução processual (art. 319, IV, CPP).

As medidas cautelares alternativas ao cárcere podem ser aplicadas antes da sentença penal (durante a fase preliminar do processo penal, na tramitação deste, quando da pronúncia do imputado, na condenação do réu e na fase recursal, nos mesmos momentos da possibilidade da decretação da prisão preventiva.[9] Também, têm aplicação às alternativas do art. 319 do CPP nas situações especiais da reincidência (art. 313, II, CPP).

As medidas do art. 319 do CPP podem ser aplicadas individualmente ou de forma cumulativa (art. 282, §§ 4º e 5º, CPP), mas sempre após justificada a exigência cautelar (necessidade), na perspectiva de ser aplicada uma medida adequada às consequências do crime praticado (gravidade), às circunstâncias do fato e às condições pessoais do sujeito. A adequação e a necessidade são postulados normativos contidos no art. 282, I e II, do CPP, os quais regulam a dosimetria das medidas cautelares.

O grau de exigência cautelar informará a suficiência de uma ou mais medidas para o caso concreto (gravidade e circunstâncias do fato) e as condições pessoais do sujeito ditarão a espécie de medida cautelar.

4. Espécies e adequação

Antes do advento da Lei 12.403/2011, o binômio prisão preventiva e liberdade se rompia, timidamente, com a liberdade provisória com ou sem fiança. Algumas leis especiais, também, de forma precária, introduziram medidas cautelares diversas da prisão preventiva. Foi o que ocorreu com o Código de Trânsito (Lei 9.503/97) em seu art. 294, ao prever a possibilidade de ser suspensa, cautelarmente, a permissão ou a habilitação para dirigir veículo automotor ou vedar a sua obtenção (para garantir a ordem pública!!!). No mesmo sentido, a Lei de Antidrogas (Lei 11.343/2006), em seu art. 56, § 1º, autorizou o juiz, ao receber a denúncia, a afastar cautelarmente o funcionário público de suas atividades. Na mesma perspectiva, segundo o Decreto-Lei 201/1967, no art. 2º, II (crimes de responsabilidade dos prefeitos), ao ser recebida a denúncia, poderá haver afastamento cautelar do prefeito de seu cargo. Também, a Lei de Improbidade Administrativa (Lei 8.429/1992), em seu art. 20, parágrafo único, autoriza o afastamento cautelar do agente público do exercício do cargo, emprego ou função, sem prejuízo da remuneração, quando for necessária a medida para garantir a instrução processual. O Estatuto da Criança e Adolescente (Lei 8.069/90), em seu art. 108, autoriza a internação, que não deixa de ser uma medida restritiva da liberdade (art. 121, ECA), pelo prazo máximo de quarenta e cinco dias, em algumas situações (art. 122, ECA). A Lei 13.445/2017 (Lei da Migração), em seu art. 86, autoriza o STF a reter documentos de viagem do extraditando, bem como aplicar outras medidas cautelares necessárias, sem especificar quais. Em face disso, há de ser observada a reserva legal do art. 319 do CPP.

---

9. V. cap. VI, item 5, sobre os momentos da decretação da prisão preventiva.

Contudo, as novas medidas cautelares ultrapassam a mera novidade sócio-política, pois se inserem nos avanços alternativos ao recolhimento cautelar ao cárcere, abrindo possibilidades de cominação de penas alternativas nos tipos penais.[10] Isso porque o descumprimento da pena substitutiva implica retorno à situação anterior e ingresso na prisão. Além disso, há que ser considerada a possibilidade do efetivo cumprimento da medida, não como forma de negar a cautelar alternativa da prisão preventiva, mas de tornar a nova arquitetura cautelar confiável, idônea e fortalecida. O descrédito poderá inutilizar os avanços jurídicos.

4.1 Comparecimento periódico em juízo

A necessidade de exigência cautelar, depois de constatada a presença dos pressupostos e requisitos dos itens 3 e 3.1 supra, poderá satisfazer-se com o comparecimento pessoal do sujeito em juízo. Para tanto, o magistrado fixará o prazo e as condições deste comparecimento, com o objetivo de verificar o desenvolvimento de suas atividades. Essa obrigação periódica, em determinadas situações, poderá atender às exigências cautelares, no caso concreto, mormente nas situações em que há risco de fuga e o objetivo for o de manter a vinculação do sujeito na Comarca, ao juízo, garantindo a tramitação do processo, seu final e cumprimento das sanções, nas situações de condenação. A periodicidade e o tempo de duração da medida dependem do maior ou do menor grau de exigência de acautelamento. A periodicidade e prazo do comparecimento deverão considerar a situação familiar e laborativa do sujeito, bem como as distâncias e possibilidades de deslocamentos em cada Comarca, evitando-se o descumprimento.

Observa-se ser fática-conservativa a funcionalidade desta medida cautelar, diversa do compromisso da liberdade provisória do art. 310, § 1º, do CPP. O comparecimento na liberdade provisória é aos atos processuais, isto é, quando o sujeito for intimado para comparecer em juízo (audiência, interrogatório, por exemplo), enquanto que no comparecimento da cautelar do art. 319, I, é em juízo, no foro, como ocorre no *sursis* e na suspensão condicional do processo. O compromisso de comparecimento aos atos processuais libera o sujeito preso em razão do flagrante, evitando a prisão.

Esta medida oferece uma possibilidade de efetivo controle da conduta do imputado pela jurisdição, com aproveitamento das estruturas existentes. Ademais, é uma das medidas alternativas menos gravosas.

---

10. Em Moura, Maria Tereza Rocha de Assis. "Quadro Comparativo", em *Medidas cautelares no processo penal, prisões e suas alternativas* (Og Fernandes, organizador). São Paulo: RT, p. 309 e ss., se pode ver um quatro comparativo das medidas alternativas à prisão processual, entre a Lei 12.403/2011 e o Projeto 8.045/2010.

4.2 Proibição de acesso ou frequência a determinados lugares

Vencidos os filtros dos pressupostos e requisitos dos itens 3 e 3.1 supra, bem como da necessidade de acautelamento, devem ser analisados os requisitos próprios dessa medida (art. 319, II, *in fine*, CPP), informadores de sua adequação: necessidade de o sujeito permanecer distante do local do fato para evitar o risco de reiteração criminosa. Esta modalidade de cautela, até o advento da Lei 12.403/2011, estava prevista às hipóteses de exigência cautelar protetiva da mulher, vítima de violência doméstica (art. 22, III, "a", Lei 11.340/2006 (proibição do autor do fato de aproximar-se da ofendida, de seus familiares e das testemunhas). Essa medida guarda congruência, também, com as circunstâncias do fato praticado (proibição de ingresso a estádio de futebol, centros comerciais, cinemas, boates, bares, vedação de aproximação de pontos de consumo e comércio de drogas, etc.), tendo funcionalidade inibitória de novas infrações criminais (prognóstico resultante de circunstâncias fáticas demonstradas). Para torná-la efetiva, deverá ser aplicado, analogicamente, o art. 320 do CPP, isto é, haver comunicação aos encarregados de zelar pela restrição aos referidos locais, para que haja efetiva fiscalização. Porém, o risco de novas infrações não resulta de conjecturas, presunções, mas de situações concretas, demonstradas nos autos.

4.3 Vedação de manter contato com determinada pessoa

Esta medida cautelar também possui uma destinação específica: afastamento do sujeito, de certa pessoa (vítimas, testemunhas, familiares, por exemplo). Identifica-se, portanto, com as medidas de proteção na violência doméstica e com a prática de certos delitos: dignidade sexual e familiar, por exemplo.

Embora esta medida resguarde a pessoa em situação de risco, em face da conduta do suspeito, a sua decretação obedece às exigências cautelares, se vinculando, propriamente, à conveniência da instrução criminal (inibitória). Tal previsão, como na hipótese do inciso anterior, já estava no art. 22, III, "b", da Lei 11.340/2006 (Lei Maria da Penha), mais precisamente na proibição de contato com a ofendida, seus familiares e testemunhas. A vedação é de o imputado manter contato voluntário com determinada pessoa, excluindo-se o encontro casual (em seus limites). Nesse se insere qualquer espécie de contato: pessoal ou mediante qualquer meio de comunicação, inclusive virtual (*msn, skype, e*-mail, redes sociais, por exemplo). Igualmente, caberá ao magistrado delimitar a medida cautelar, de modo a evitar uma restrição além da exigência cautelar. A eficácia exige cientificação, não só do sujeito que possui a sua liberdade de ir e vir cerceada, mas também da pessoa por ela beneficiada, a qual não se restringe à vítima.

4.4 Permanência na Comarca

Relaciona-se esta medida com a motivação da conveniência da instrução criminal da prisão preventiva, possuindo, portanto, funcionalidade fático-conservativa. O art. 319, IV, do CPP, há que ser interpretado nos termos do art. 320 do CPP, o qual exige a comunicação às autoridades encarregadas de fiscalizar as saídas do território nacional, com a entrega do passaporte. A adequação dessa medida também há de considerar a interferência da restrição no exercício normal das atividades laborais do sujeito, quando este necessita, costumeiramente, deslocar-se para exercer suas atividades, inclusive as laborais. A proibição de ausentar-se poderá ter uma potencialidade constritiva menor, com a exigência de autorização judicial para ausentar-se, motivo por que se faz necessária a devida delimitação e adequação à situação peculiar do imputado. É a situação concreta que definirá os limites da constrição.

Essa medida também indica uma maior possibilidade de controle pela própria jurisdição, como ocorre na apresentação periódica ao juízo onde tramita o processo.

4.5 Recolhimento domiciliar

A aplicação dessa medida exige, *prima facie*, residência determinada e trabalho fixo do imputado. O recolhimento domiciliar requer disciplina e responsabilidade do sujeito, bem como efetiva fiscalização pelo Estado, a qual é possível, mormente quando agregada outra cautelar, como a do monitoramento eletrônico. Há necessidade de demonstração da residência fixa e da ocupação regular, na medida em que um dos objetivos é satisfazer a exigência de cautelar, sem prejuízo da atividade laborativa do imputado, ultrapassando a funcionalidade fático-conservativa e a inibitória, afetando a restrição parcial da liberdade (funcionalidade de constrição parcial).

Essa cautelar (art. 319, V, CPP) se diferencia da prisão domiciliar (art. 318, CPP), medida mais gravosa do recolhimento, além de substitutiva. Antes de ser autorizada a prisão domiciliar,[11] o magistrado decreta a prisão preventiva e, por razões humanitárias, procede a sua substituição. Portanto, estarão presentes os requisitos da prisão preventiva, mas no recolhimento cautelar não. Também, na prisão domiciliar, o sujeito não pode sair de casa, como ocorre na medida cautelar, cuja vedação se limita ao período noturno e aos dias de folga.

O trabalho fixo não se restringe ao emprego com carteira ou contrato assinado. Basta a demonstração de que o imputado exerce atividade laborativa com certa continuidade temporal, não necessariamente no mesmo local, no

---

11. V. cap. VI, item 8,

mesmo labor e nem com profissão definida. O recolhimento é ao domicílio do imputado ou de seus familiares, de forma adequada à continuação do exercício da atividade laboral. Sendo um dos objetivos desta cautelar a manutenção do trabalho, o horário de recolhimento há de ser compatível com a natureza, horário e espécie de trabalho desenvolvido. Portanto, o horário será fixado levando em consideração essas circunstâncias, inclusive os casos em que o imputado trabalha à noite.

Pelo menos há duas questões problemáticas: imputado que não trabalha, mas estuda e a perda do emprego ou da atividade laboral determinada. Aqui cabe uma analogia à remição da pena privativa de liberdade pelo trabalho e estudo (art. 126, LEP).[12] A importante exclusão do mercado formal de trabalho e do acesso ao ensino reforça a necessidade de manutenção desses vínculos pelo autor de uma infração criminal. A perda momentânea do emprego ou as dificuldades na retomada do trabalho, por si sós não induzem a revogação automática do recolhimento domiciliar, o qual poderá ser substituído por outra cautelar alternativa, nos termos do art. 282, § 4°, do CPP.

4.6 Suspensão do exercício de função pública ou de atividade

Além dos requisitos e pressupostos já referidos no item 3 e 3.1 supra, há de ser verificado o requisito específico do justo receio da utilização da função ou da atividade à reiteração criminal. Cabe quando houver risco demonstrável, mormente pelas circunstâncias da prática da infração, de que o sujeito possa utilizar-se do exercício da função pública ou da atividade para continuar praticando atos ilícitos, mormente os casos de acesso privilegiado a dados ou informações (funcionalidade fático-conservativa). Isso ocorre quando o agente possuir poderes de mando, decisão, gestão, influência política ou econômica determinantes, relevantes.

O ordenamento jurídico já previa medidas cautelares assemelhadas à prevista no art. 319, VI, do CPP, inclusive como pena cominada, como ocorre com a proibição ou suspensão à obtenção da permissão ou da habilitação para dirigir veículo automotor, nos delitos praticados na direção destes (art. 292, Código de Trânsito Brasileiro) e com a possibilidade de substituição da pena privativa de liberdade pela interdição temporária de direitos (art. 43, V, CP). A Lei 11.346/06, em seu art. 56, § 1°, estabelece a possibilidade de o Juiz, nos casos de aplicação dos arts. 33, *caput* e § 1°, 34 a 37, afastar cautelarmente o acusado de suas atividades, quando funcionário público. Nos crimes de responsabilidade

---

12. V. Súmula 341 do STJ: "*a frequência a curso de ensino formal é causa de remição de parte do tempo de execução de pena sob regime fechado ou semiaberto*". Nos termos da Recomendação 44 do CNJ, também se possibilita a remição da pena através da leitura.

dos Prefeitos, Decreto-Lei 201/1967, o art. 2º, II, além de referir-se à manifestação obrigatória e motivada acerca da prisão preventiva do agente público, nas hipóteses de apropriação ou utilização indevidas de rendas ou serviços públicos, em proveito próprio ou alheio e de utilização indevida dos bens públicos (art. 1º, I e II), autoriza seu afastamento do exercício do cargo durante a instrução criminal. Na mesma perspectiva, a Lei Orgânica da Magistratura Nacional (Art. 29, Lei Complementar 35/79) possibilita o afastamento do magistrado do cargo, mediante votação em *quorum* qualificado de 2/3. Ainda. O Código de Trânsito permite, em qualquer fase da investigação ou da ação penal, a suspensão da permissão ou habilitação para dirigir veículo automotor, ou a proibição de sua obtenção, como medida cautelar (art. 294, Lei 9.503/97).

A função pública representa o encargo atribuído aos agentes, cargos e órgãos públicos, na perspectiva do exercício do poder público, delimitado pela competência atribuída legalmente. Essa medida se aplica ao agente público, pessoa física, cujo âmbito de abrangência abarca os agentes políticos, os servidores públicos e os particulares na atuação de colaboração com os Poderes Públicos,[13] tanto no exercício de cargo, emprego, e função pública.

Um dos problemas importantes reside no recebimento ou não da remuneração, durante o afastamento. Este não se vincula à remuneração, mas à possibilidade de reiteração, o que se satisfaz com a retirada do agente de sua função ou atividade. Trata-se de uma exigência cautelar, provisória e não de restrição da remuneração ou do salário. O art. 20, parágrafo único, da Lei 8.429/1992 (improbidade administrativa), autoriza o afastamento cautelar do agente público, mas sem prejuízo da remuneração que percebe. Aplicam-se, precisamente, os princípios da presunção de inocência e da irredutibilidade de vencimentos, consagrados nos arts. 5º, LVII e 37, XV, da CF.

Poderá ser suspensa cautelarmente a atividade de pessoa jurídica? Primeiramente, a exigência cautelar se aplica ao autor da infração criminal, o que leva à admissibilidade nas hipóteses em que prevista a responsabilidade criminal no ordenamento jurídico. Em segundo lugar, há que ser verificada a suficiência do afastamento da pessoa física a ela vinculada, bem como, ademais da funcionalidade específica (justo receio de prática de novas infrações penais), a continuidade do funcionamento da empresa.

A suspensão, segundo a lei, também poderá incidir nas atividades econômicas ou financeiras. A atividade econômica se relaciona com a produção,

---

13. V. Mello, Celso Antonio Bandeira. *Curso de Direito Administrativo*. São Paulo: Malheiros, 2010, p. 247 e ss. Há outras classificações de agentes públicos, como a feita por Meirelles, Hely Lopes. *Direito Administrativo Brasileiro*. São Paulo: Malheiros, 2011, p. 76 e ss: agentes administrativos, agentes delegados, agentes credenciados, agentes honoríficos e agentes políticos.

distribuição e consumo de bens e/ou serviços, com o escopo de gerar riqueza e atender às necessidades humanas. São atividades privadas. A pergunta que pode ser feita é: possui aderência constitucional essa medida cautelar? A resposta há de partir do art. 1°, IV, da CF, que eleva à categoria de fundamento da República Federativa do Brasil, o valor social do trabalho e da livre iniciativa. Ademais, o parágrafo único do art. 170 da CF assegura a todos o livre exercício de qualquer atividade econômica. Todavia, a exigência cautelar criminal, em razão da proteção de outros valores, poderá preponderar no *balancing test* da proporcionalidade.

O descumprimento dessa espécie de medida, por haver possibilidade de substituição, cumulação e decretação da prisão, afasta a incidência do art. 359 do CP (*exercer função, atividade, direito, autoridade ou múnus, de que foi suspenso ou privado por decisão judicial*).

4.7 Internação provisória

Trata-se de medida cautelar, não de decisão definitiva acerca da absolvição com aplicação de medida de segurança. Seu cabimento se circunscreve a um modo de proceder do imputado no *iter criminis*: utilização de violência ou grave ameaça à pessoa (homicídio, roubo, estupro, por exemplo). A finalidade da medida é evitar a reiteração criminosa (funcionalidade inibitória), motivo por que o risco comporta demonstração suficiente. Tal medida integrava o ordenamento jurídico, no art. 80 do CP, revogado com a alteração da parte-geral, em 1984. A partir daí, não mais era cabível a internação provisória, incidindo, em alguns casos, a prisão preventiva. Agora, com essa medida alternativa, é possível graduar a exigência cautelar, ao caso concreto.

A prova da inimputabilidade ou da semi-imputabilidade é feita mediante perícia técnica, sendo condicionante da internação provisória. Não basta a inimputabilidade ou a semi-imputabilidade, mas se exige indicação clara e objetiva da necessidade de internação pelos técnicos. Assim, são exigíveis três requisitos específicos: delito praticado com violência ou grave ameaça, laudo pericial e risco de reiteração.

A lei refere "*internação*". Segundo o CP, a internação ocorre em hospital de custódia e tratamento psiquiátrico ou, na falta, em outro estabelecimento adequado, quando o delito for apenado com reclusão. Sendo cominada a pena de detenção, poderá o imputado ser submetido a tratamento ambulatorial (arts. 96 e ss, CP). Ocorre que os vetores reclusão e detenção não são mais os balizadores das medidas cautelares, mas a pena cominada. Por isso, o parâmetro dos quatro anos (art. 313, I, CPP) é um vetor possível e sistemático, possível de ser empregado para delimitar a internação (acima de quatro anos) do tratamento (até quatro anos). O caso concreto, diante da documentação de profissionais técnicos específicos, poderá satisfazer-se com o tratamento, em qualquer hipótese. Sendo o tratamento uma provável solução final, a internação não atende à adequação e à necessidade (art. 282, CPP). A ausência de vagas em estabelecimentos hospitalares de custódia e tratamento psiquiátrico viabiliza a possibilidade de internação ou tratamento em outras clínicas ou a substituição por outras medidas cautelares, desde que atendam a exigência cautelar, mas não o recolhimento ao cárcere, salvo os casos de decretação da prisão preventiva.

Nessa hipótese, possível a detração, em interpretação ao art. 42 do CP.[14]

4.8 Fiança[15]

A fiança prevista no art. 319, VIII, do CPP é uma medida cautelar. Portanto, não é de aplicação automática. Observa-se a presença de uma funcionalidade específica: assegurar o comparecimento do suspeito, indiciado ou acusado aos atos processuais (funcionalidade fático-conservativa). A fiança poderá ocupar a funcionalidade da prisão preventiva por conveniência da instrução criminal e aplicação da lei penal

Qual o critério para decidir pela prisão preventiva ou pela fiança para assegurar a instrução criminal ou garantir a aplicação da lei penal? Os parâmetros foram estabelecidos pelo art. 282 do CPP: adequação e necessidade. De cada caso concreto, na avaliação fática, circunstancial, objetiva e subjetiva é que emergirá a cautelar apropriada para cumprir a sua finalidade de acautelamento instrumental. A regra, após a entrada em vigor da Lei 12.403, de 04 de maio de 2011, é o cabimento da fiança, em todos os delitos, ressalvadas as hipóteses em que a CF e a legislação proibir a aplicação desta alternativa legal. Os limites do *quantum* da fiança cautelar são os mesmos da concedida para que o acusado se livre solto, ou seja, os do arts. 325 e 326 do CPP. Porém, aqui, como se trata de cautelar, quando o sujeito não tiver condições de pagar, não se aplica o art. 350 do CPP, incidente nas hipóteses da liberdade mediante fiança. A opção, nesses casos, deverá ser por outra medida cautelar substitutiva.

Decretada a fiança antes da sentença penal, em seu momento, o Juiz deverá reapreciar a necessidade dessa cautelar ou de outra. Poderá o Magistrado, no momento da sentença, fixar fiança, pois se trata de cautelar, a qual poderá ser decretada até o trânsito em julgado da sentença (art. 334, CPP).

Nas hipóteses de absolvição ou de extinção da punibilidade, art. 337 do CPP, a fiança deverá ser restituída integralmente. No caso de quebramento da fiança, nas situações do art. 341 do CPP, não se aplica o art. 343 do CPP,

---

14. V. cap. VIII, item 5, sobre a detração.
15. V. cap. V, item 3, acerca da liberdade provisória mediante pagamento de fiança.

mas o art. 282, § 4°, do CPP, pois se trata de medida cautelar. Sobrevindo a condenação, o valor da fiança servirá para pagar as custas e demais encargos, restituindo-se o restante (art. 345, CPP).

4.9 Monitoramento eletrônico

Ao ser acusado criminalmente, o sujeito passa a ser controlado pelo Estado. O controle vai desde o comparecimento aos atos processuais até o recolhimento ao cárcere, passando pelas formas de compromisso na liberdade provisória e na fiança. Porém, os avanços tecnológicos, além de situarem o próprio processo na virtualidade, também interferem na forma de controle e na restrição da liberdade de ir e vir. A inovação, em nosso sistema jurídico, é da possibilidade de o monitoramento eletrônico constituir-se em alternativa à prisão preventiva, sempre que houver exigência cautelar, preenchidos os requisitos gerais (*fumus comissi delicti* e *periculum libertatis*) e alguns pressupostos, como referido nos itens 3 e 3.1 supra. As novas tecnologias deverão ser utilizadas também em prol dos imputados e da liberdade, sob pena de servirem única e exclusivamente ao expansionismo penal, ao controle, vigilância e ao recolhimento ao falido sistema carcerário.[16]

Através do monitoramento eletrônico se permite controlar o sujeito, mesmo não estando recolhido ao cárcere, através de dispositivos acoplados ou inseridos em seu corpo, de modo a poder ser localizado e/ou observado. Por isso, tal medida satisfaz a exigência cautelar quando há risco de fuga (garantia da aplicação da lei penal). Essa medida também é compatível na aplicação cumulativa com outras cautelares, as quais necessitam de um controle específico sobre o indivíduo: recolhimento domiciliar (art. 319, V, CPP), proibição de frequência a determinado lugares (art. 319, II, CPP), vedação de ausentar-se da comarca (art. 319, IV, CPP), por exemplo.

As formas do monitoramento mais usuais são o controle eletrônico ativo ou por centrais (*continuously signaling*), onde ao sujeito é acoplado um dispositivo no pulso, braço ou tornozelo, e o passivo, no qual o monitoramento ocorre pela senha, voz, impressão digital, permanecendo conectado por telefone, no local onde está.[17] A evolução tecnológica nos levará aos implantes de chips ou sua

16. V. Schünemann, Bernd e Greco, Luís (coord.). *Estudos de direito penal, direito processual penal e filosofia do direito*. Madri, Barcelona, Buenos Aires, SP: Marcial Pons, 2013, p. 272 e 273, quando propõe duas medidas técnicas, as quais imporão medidas menos onerosas das introduzidas quando da máquina de escrever, as quais ocupam uma posição central nos processos penais justos: gravação em vídeo dos depoimentos e a substituição da prisão preventiva por medidas de controle eletrônico.

17. V. Cruz, Rogério Schietti Machado. *Prisão Cautelar: dramas, princípios e alternativas*. RJ: Lumen Juris, 2006, p. 176 e ss. e Sanguiné, Odone. *Prisión Provisional y Derechos Fundamentales*. Barcelona: Tirant lo Blanch, p. 667 e ss., acerca do monitoramento eletrônico.

acoplagem ao corpo, de forma imperceptível (mescla de orgânico e técnico), à interligação do humano a uma rede virtual, bem como a um novo referencial: a energia.[18] Até o advento da Lei 12.403/2011, o monitoramento eletrônico estava previsto na Lei de Execução Penal, cujo art. 146-B havia sido introduzido pela Lei 12.258/2010, ao definir a possibilidade de o Juiz da Execução Penal fiscalizar as saídas temporárias no regime semiaberto e a prisão domiciliar (sistema *back-door*).

A opção pelo monitoramento eletrônico indica a desnecessidade da prisão preventiva, motivo por que, não havendo consenso do sujeito (meio invasivo e insidioso), há de optar-se por outra medida cautelar[19]. É de ser aplicado à cautelar do monitoramento eletrônico o disposto no art. 146-C da LEP, ou seja, a possibilidade de recebimento de visitas do controlador e dos cuidados com o dispositivo do monitoramento.

Embora não haja referência à funcionalidade específica do monitoramento eletrônico no art. 319, IX, do CPP, sua destinação aproxima-se à função de evitar o risco de fuga ou da reiteração criminosa (funcionalidade fático-conservativa e de constrição parcial).

5. Duração da cautelar alternativa e revisão periódica

Assim como à prisão preventiva,[20] não há um prazo limite ao término das medidas cautelares previstas no art. 319 do CPP. Embora não haja uma regra expressa, o atendimento da finalidade acautelatória poderá já vir delimitada no momento de sua decretação. O próprio art. 319, I, do CPP determina a fixação de um prazo ao comparecimento periódico a juízo, mas não impõe limites.

As medidas de proibição de acesso ou frequência a determinados lugares (art. 319, II, CPP) também podem receber uma limitação temporal suficiente, ao alcance da finalidade da cautelar, ou seja, enquanto houver risco de reiteração criminosa nesses locais.

O óbice de manter contato com determinada pessoa (art. 319, III, CPP) permanece até que o contato não mais possa causar risco à prova ou ao processo. O tempo de proibição de mudança da Comarca (art. 319, V, CPP) restringe-se

---

18. V. Kerckhove, Derrick de. *A Pele da Cultura: uma investigação sobre a nova realidade eletrônica*. Lisboa: Relógio D'Água, 1997, p. 101, quando afirma que a inteligência tecnológica coletiva superará a inteligência orgânica individual, na velocidade e na capacidade de integração. Mais adiante, em p. 123, afirma que nova arquitetura é feita de redes de comunicações baseadas em cabo, fibra ótica, ondas hertzianas e satélites, sendo a eletricidade a nova e única linguagem comum.

19. V., nesse sentido, Mendonça, Andrey Borges. *Prisão e outras medidas cautelares pessoais*. São Paulo: Método, 2011, p. 464.

20. V. cap. VI, item 7.

à investigação e instrução do processo. Assim, finda a instrução, desaparece a motivação idônea a sua continuidade.

O recolhimento domiciliar diz respeito à situação de investigado e também a de acusado, cuja limitação, em tese, poderia ultrapassar a sentença penal. Porém, na sentença penal o Juiz há de reavaliar a situação cautelar: sendo absolutório o provimento, cessa a eficácia da cautelar; sendo condenatório, a situação comporta uma reapreciação.

A suspensão, tanto do exercício da função pública, quanto de atividade econômico-financeira (art. 319, VI, CPP), encontra o primeiro limite na duração do justo receio de que a função ou a atividade possam servir de meio à prática de infrações criminais. A exoneração do cargo ou a alteração da atividade também fazem desaparecer a necessidade da cautela. No que tange ao cargo (Prefeito, Governador, Deputado, Secretário de Estado ou de Município, por exemplo), a suspensão também há de guardar proporcionalidade, de modo a não implicar, com sua duração ilimitada, na perda do próprio cargo ou função. A suspensão da atividade econômica ou financeira sem limites espaciais e também temporais, poderão inviabilizar a própria empresa, de modo que se faz necessário avaliar os efeitos dessa medida, inclusive no que tange a terceiros, como os colaboradores da empresa. A duração da medida não poderá inviabilizar totalmente as atividades da empresa e nem implicar na redução significativa do emprego.

A internação provisória (art. 319, VII, CPP), além da limitação temporal vinculada ao risco de reiteração criminal, a qual não pode ser presumida, mas resultar de substrato fático suficiente (técnico), encontra na sentença penal o seu limite, diante da necessidade de ser reapreciada a internação, com ou sem aplicação da medida de segurança.

A temporalidade da fiança (art. 319, VIII, CPP) se vincula às situações em que poderá ser cassada (arts. 338 e 339, CPP), reforçada (art. 340, CPP), tida por ineficaz (art. 337, CPP), quebrada (arts. 341 e 346, CPP), perdida (arts. 344 e 345, CPP). Mesmo nessas medidas cautelares alternativas ao recolhimento ao cárcere, além de a duração estar vinculada a uma finalidade específica, se faz necessário um teto limite, como proposto à prisão preventiva.[21]

Na sentença penal deverá ser apreciada a necessidade e adequação de uma medida cautelar, prisional ou não, mas sob outra ótica e a pedido das partes, incidindo o art. 282, § 2°, CPP.[22] Embora a medida cautelar imposta durante a tramitação do processo possa ser repristinada, na sentença penal condenatória se exige motivação fática e jurídica consistentes. Incidente a exigência cautelar,

---

21. V. cap. VI, item 7, sobre o tempo e revisão da prisão preventiva.
22. V. Cap. VI, item 5.3 acerca do direito de recorrer em liberdade.

mesmo na tramitação recursal é possível a imposição de medidas cautelares adequadas, cujo limite máximo é o trânsito em julgado da decisão. Contudo, mesmo que na sentença penal ou no acórdão a situação cautelar comporte reapreciação, a duração das medidas do art. 319 do CPP submetem-se a uma limitação temporal

Aqui, também é de ser defendido o mesmo limite máximo da duração da prisão preventiva, ou seja, o tempo exigido à progressão de regime, tomando-se por base a pena mínima cominada e os percentuais exigidos à progressão, constante no art. 112 da Lei 7.210/84 (LEP - Lei de Execução Penal). Assim, na fraude **à** licitação do art. 89 da Lei 8.666/93 (pena mínima de 3 anos), o afastamento do agente público ou a vedação para que a empresa contrate com o poder público, sendo o agente primário (art. 112, I, LEP), não poderia ser superior a seis meses (16% de 3 anos).

Apesar de o art. 316, parágrafo único, incluído pela Lei 13.964/2019, referir-se à revisão da necessidade da prisão preventiva, a cada 90 dias, em face da garantia da duração razoável do processo, aplicável às exigências de cautela, é de ser aplicado a todas as medidas cautelares. Assim, a cada 90 dias, sob pena de a cautelar passar a ser ilegal e ser extinta, o juiz há de revisar a necessidade de sua continuação, em provimento motivado em fundamentado.

6. Descumprimento da cautelar

Primeiramente, antes de revogar a medida cautelar, o magistrado, diante do descumprimento, deverá oportunizar o contraditório para que o sujeito possa justificar o ocorrido, por escrito, mediante advogado ou em audiência a ser designada. Isso porque a nova sistemática propicia o contraditório na cautelaridade, sempre que não houver risco de tornar ineficaz a medida (art. 282, § 3°, CPP), além da necessária obediência ao devido processo penal, mormente na consideração das garantias constitucionais da ampla (art. 5°, LV, CF) e plena defesa (art. 5°, XXXVIII, "*a*", CF). Ademais, o desfecho automático em prisão preventiva contraria a situação de *ultima ratio* do recolhimento ao cárcere (art. 282, § 6°, CPP). Diante do descumprimento injustificado, o Juiz terá quatro opções, na seguinte ordem: a) verificar a desnecessidade da manutenção da cautelaridade; b) substituição da medida cautelar descumprida, por outra; c) impor outra medida cautelar em cumulação com a anterior; d) decretar a prisão preventiva, em último caso (art. 282, § 4°, do CPP).

A decretação da prisão preventiva pelo descumprimento da medida cautelar alternativa não se subordina aos requisitos do art. 313 do CPP, o que poderá ensejar a existência de prisão preventiva em delitos com pena inferior a quatro anos de reclusão. Em face disso, deverá estar presente a exigência de cautelar extrema e os demais princípios aplicáveis às medidas cautelares, tratados no capítulo I. Desde a decretação da medida alternativa havia exigência de cautelaridade, satisfazendo-se, a instrumentalidade, com a alternativa à prisão ou não sendo essa possível, pela ausência de algum pressuposto. Com o descumprimento, aumenta a exigência de cautelar, de tal modo a ser possível ultrapassar os pressupostos, de forma excepcional. Mesmo em infrações com penas máximas inferiores a quatro anos, a situação concreta poderá exigir a necessidade de cautela, sem que isso signifique antecipação da tutela material. Não se trata de uma sanção processual porque a prisão preventiva não pode ser decretada somente pelo fato do descumprimento, exigindo-se continuação da exigência de cautela e sua máxima intervenção e não satisfação dessa exigência por outra medida alternativa. Por existirem efeitos processuais ao descumprimento, não se aplica o art. 330 do CP.

Como há restrição à liberdade plena, aplica-se o art. 42 do CP (detração penal), ou seja, o tempo de cumprimento da cautelar alternativa há de ser descontado da sanção criminal imposta, inclusive da pena privativa de liberdade e das medidas substitutivas desta. Portanto, agrega-se mais uma hipótese de detração aos casos previstos no art. 42 do CP (tempo de prisão provisória, prisão administrativa, internação, prisão domiciliar, por ser substitutiva da prisão preventiva - art. 318, CPP).

7. Revogação, substituição e cumulatividade

As medidas alternativas ao recolhimento ao cárcere integram o gênero medidas cautelares, assim como a prisão preventiva. A ilegalidade verificada pelo Juiz, ao examinar o auto de prisão em flagrante, tem como consequência o relaxamento da prisão. A ilegalidade da prisão preventiva também conduz ao relaxamento, nos termos do art. 5º, LXV, da CF. Isso porque a CF emprega a expressão relaxamento, quando se tratar de prisão ilegal (flagrante ou preventiva). Porém, nas medidas do art. 319 do CPP não há recolhimento ao cárcere, de modo que não há prisão, mas sim alternativas a ela, motivo por que o legislador empregou o termo *revogação*. Esta ocorre nas mesmas situações da revogação da prisão preventiva, conforme já exposto.[23]

Antes de o magistrado optar pela prisão preventiva, nos termos expressos no art. 282, § 4º, do CPP, a ordem de ponderação (adequação, necessidade e proporcionalidade estrito senso) reclama a verificação da situação concreta de a exigência cautelar ser satisfeita com a substituição da medida por outra ou mesmo a fixação cumulativa de uma segunda medida. O caso concreto também informará o desaparecimento de qualquer exigência cautelar.

---

23. V. cap. VI, item 9.

8. Críticas

O primeiro aspecto evidenciado é a crença de que as leis vão realizar milagres, isto é, a adoção da perspectiva normativa como solução apaziguadora e remédio para todos os malefícios: criminalidade, violência, demora da prestação jurisdicional, por exemplo. Somente a estratégia normativa não será suficiente para modificar a situação caótica do sistema penitenciário e do elevado número de presos sem condenação definitiva. A implementação concomitante de políticas públicas integrais (segurança cidadã, educação, acesso aos bens essenciais a todos, tratamento digno dos agentes públicos, etc.) é que poderão satisfazer os objetivos integrais perseguidos.

Outro aspecto a ser considerado diz respeito aos sujeitos envolvidos na concretização da nova sistemática cautelar, cuja compreensão há de transgredir as bases forjadas na década de quarenta, onde a prisão preventiva, para determinados delitos, era obrigatória (pena igual ou superior a 10 anos), exigindo-se somente a prova indiciária. Ademais, a evolução científica e a ancoragem do processo penal à CF e aos Diplomas Internacionais exige: transgressão da normatividade ordinária; abandono da concepção de que a prisão é a única medida cautelar; rompimento das perspectivas materiais, mormente a de antecipação de tutela penal com o recolhimento imediato à prisão; superação do dogma de que o recolhimento ao cárcere é um remédio para curar a violência ou a criminalidade; percepção da identificação de investigadores, acusadores e julgadores, com a vítima.

O risco do aumento do controle sobre os sujeitos e nos processos existe, pois, além do recolhimento ao cárcere há medidas cautelares alternativas a ele. Todavia, uma interpretação equivocada, ainda arraigada nos mitos gerados pela prisão, poderá aumentar, não só a exigência cautelar no processo penal, mas também o número de presos antes de uma sentença penal condenatória. Isso porque, apesar da regra da prisão para crimes dolosos com pena privativa de liberdade superior a quatro anos (art. 313, I, CPP), a lei autoriza a prisão preventiva para os demais delitos, pelo descumprimento da cautelar alternativa (art. 312, § 1º, CPP); nos casos de condenação em crime doloso, por sentença transitada em julgado, ressalvadas a hipótese de prescrição da reincidência (art. 64, I, CP e 313, II, CPP); para garantir a execução de medidas protetivas de urgência no caso de violência doméstica e familiar contra mulher, criança, adolescente, idoso, enfermo ou pessoa com deficiência (art. 313, III, CPP), bem como nas hipóteses de dúvida acerca da identidade civil ou ausência de elementos de identificação do agente (art. 313, § 1º, CPP). Ademais, há o perigo da banalização cautelar, na medida em que os danos causados pelas medidas alternativas são inferiores à prisão preventiva.

CAPÍTULO VIII

REMÉDIOS JURÍDICOS IMPUGNATIVOS

Além do controle externo pela comunidade jurídica, com a publicização da decisão que decretou as medidas cautelares, admissível o seu controle interno, endossistêmico, no mesmo processo, por meio do direito de petição ao próprio juízo que emitiu a ordem constritiva. Insere-se na estratégia defensiva o pedido do interessado ao próprio juízo (concessão da liberdade ou reconsideração, por exemplo) ou utilizar o remédio impugnativo ao órgão hierarquicamente superior (risco da preclusão, indeferimento de futuros pedidos no mesmo processo, depois de denegada a ordem pelo Tribunal, ineficácia do pedido no próprio juízo, em razão da conhecida e notória linha de decidir do magistrado *a quo*, por exemplo). Contudo, há tendência dos Tribunais Superiores em exigir que a decisão acerca da imposição ou não da medida cautelar tenha vencido os filtros impugnativos dos juízos inferiores (juízo de primeiro grau, Tribunais inferiores e Tribunais Superiores, de forma escalonada).

As decisões interlocutórias, no processo penal, como regra, não comportam impugnação mediante recurso, salvo as constantes no rol do art. 581 do CPP (recurso em sentido estrito), as interlocutórias definitivas ou com força de definitivas, não impugnáveis por recurso em sentido estrito (art. 593, II, CPP) e as proferidas no âmbito da execução penal (agravo em execução), ademais da previsão do agravo às hipóteses da negativa de recebimento dos recursos aos Tribunais Superiores, da carta testemunhável (art. 639 e ss., CPP) e da recorribilidade em leis especiais.[1] Porém, o MP e, sobretudo, a defesa, poderão

1. Por exemplo, o art. 294 da Lei 9.503/97 (Código de Trânsito Brasileiro) prevê a recorribili-

manejar as ações autônomas de impugnação (mandado de segurança e habeas corpus), além das medidas correicionais, sempre que atendidos os requisitos legais de seu cabimento. Afora isso, ainda existe a possibilidade de o prejuízo ser aduzido como preliminar, em recurso de apelação.

Contra o ato do delegado de polícia, indeferitório da fiança ou de seu arbitramento, não há recurso previsto. Cabe, em tese, habeas corpus ao Juiz de Direito. Porém, como o magistrado também pode arbitrar fiança em todos os delitos, independentemente da espécie de sanção e da pena cominada, salvo as vedações constitucionais e legais, o flagrado poderá requerer o arbitramento judicial ou a redução de seu valor, no juízo competente.

As decisões interlocutórias acerca da fiança comportam impugnação mediante recurso em sentido estrito, nos precisos temos do art. 581, V, do CPP. São decisões *pro et contra* e não *secundum eventum litis*, situação em que, em havendo juízo de retratação, caberá a petição de remessa ao órgão *ad quem*, nos termos do art. 589, parágrafo único, do CPP.

O indeferimento da prisão preventiva é impugnável mediante recurso em sentido estrito, nos termos do art. 581, V, do CPP. No mesmo dispositivo legal se enquadra a decisão que a revoga, concede liberdade provisória ou relaxar a prisão em flagrante. O indeferimento das demais cautelares comporta uma interpretação integrativa ou extensiva ao mesmo dispositivo legal, em razão da identidade funcional e de exigência cautelar.[2] Porém, não há recurso previsto para atacar a decisão que decretar a prisão preventiva (mesmo que haja conversão em prisão domiciliar) ou contra a decisão que impuser outra medida cautelar. Diante disso e do reflexo direto no direito de ir e vir - liberdade de locomoção (art. 5º, LXVIII, CF), a decisão que decretar a prisão preventiva é impugnável mediante habeas corpus. Nessa mesma perspectiva, em razão dos efeitos diretos no direito de locomoção, embora em menor extensão (comparecimento periódico em juízo, proibição de acesso ou frequência a determinados lugares, proibição de manter contato com pessoa determinada, permanência na Comarca, recolhimento domiciliar noturno e nos dias de folga, suspensão do exercício de função ou atividade, internação provisória, monitoração eletrônica) e da possibilidade de vir a ser decretada a prisão preventiva pelo descumprimento da cautelar (art. 282, § 4º, CPP), a decisão que impuser a cautelar diversa da prisão preventiva também é impugnável mediante habeas corpus. Igualmente, cabe recurso em sentido estrito em face da decisão acerca da substituição, re-

dade, mediante recurso em sentido estrito, da decisão do magistrado que, no curso da investigação ou do processo penal, decretar a medida cautelar de suspensão da permissão ou habilitação para dirigir veículo automotor, ou a proibição de sua obtenção.

2. Nesse sentido, Badaro, Gustavo Henrique. *Medidas cautelares no processo penal, prisões e suas alternativas*. São Paulo: RT, 2011, p. 232.

vogação e cumulação da medida cautelar alternativa, nos termos do art. 581, V, do CPP. Indeferida a aplicação cautelar alternativa, embora a relutância da doutrina e da jurisprudência em interpretar de forma elástica as hipóteses do art. 581 do CPP, a decisão guarda identidade com o indeferimento da prisão preventiva do inciso V do mesmo dispositivo. Este é o recurso a ser manejado. Poderá, igualmente, o Ministério Público optar por remédio impugnativo autônomo, como o mandado de segurança, mas com exigências mais fortes e com limites mais estreitos em seu cabimento.

É de ser observada a regra do art. 593, § 4º, do CPP: quando cabível a apelação (sentença), não poderá ser usado o recurso em sentido estrito, ainda que somente de parte da decisão se recorra (indeferimento de uma medida cautelar). No que à defesa respeita, não há vedação da utilização do habeas corpus, em face da restrição do direito de ir e vir, bem como do tempo de tramitação do recurso. Porém, decretada a prisão preventiva na decisão de pronúncia ou na sentença penal condenatória, embora haja recurso previsto, cabível, de forma concomitante, o habeas corpus para discutir a prisão e a liberdade, em face do tempo de tramitação recursal e do direito de liberdade cerceado.

A previsão do denominado "*recurso ex officio*" para atacar a decisão do Juiz de primeiro grau que concede o habeas corpus, persiste no CPP, mesmo após a reforma parcial de 2008, a qual revogou o artigo 574, II, do CPP. Continuam no ordenamento jurídico outras hipóteses, como a do art. 7º da Lei 1.521/51(decisão do arquivamento do inquérito policial ou da sentença absolutória nos crimes contra a economia popular ou a saúde pública) e a do art. 746 do CPP (decisão que concede a reabilitação criminal). Diante da exclusividade da ação penal pública do Ministério Público e, mormente do princípio acusatório (mesmo em uma de suas concepções - divisão de funções processuais) e da imparcialidade, não há como aceitar qualquer adequação constitucional do recurso *ex officio*, mesmo que, em um jogo de linguagem, se argumente não se tratar, propriamente, de um recurso, mas de condição de validade do decisum. Observa-se que, quando o provimento for contra o sujeito (juiz nega o habeas corpus, por exemplo), a decisão tem validade plena, mas quando for a seu favor (juiz concede o habeas corpus), na mesma situação jurídica, para ter validade, o *decisum* necessita ser confirmado pelo órgão *ad quem*?[3]

No âmbito do segundo grau, contra os provimentos dos relatores caberá agravo interno/regimental, mas das decisões do colegiado, há que ser separado a denegação do habeas corpus e do mandado de segurança do indeferimento das demais medidas cautelares. É que a Constituição Federal, expressamente, prevê

---

3. V. Súmula 423 do STF, no sentido de que se considera interposto *ex legge*, não comportando razões e contrarrazões.

a possibilidade de ser interposto o Recurso Ordinário Constitucional contra a decisão do Tribunal que denegar o habeas corpus ou o mandado de segurança (art. 105, II, "a" e "b", CF). Os Tribunais superiores, mesmo sob a vigência da CF anterior, admitiam o habeas corpus substitutivo de recurso ordinário constitucional, considerando ser o Tribunal inferior, autoridade coatora. Contudo, o STF e STJ alteraram o entendimento, não mais admitindo a regra do cabimento do habeas corpus substitutivo de recurso ordinário constitucional, na medida em que há um recurso previsto (HC 105.122 do STF), salvo em algumas situações excepcionais.

Dependendo do resultado do julgamento do recurso em sentido estrito, é possível a interposição de embargos infringentes, nos termos do art. 609, parágrafo único, do CPP. Também, cabe impugnação mediante recurso especial ou extraordinário, sempre que presentes os requisitos constitucionais e sumulares.

É de ser aplicado o efeito extensivo ou iterativo (ou consequência da decisão) também no âmbito do habeas corpus, mormente por se tratar de remédio jurídico protetivo da liberdade, nos termos do art. 580 do CPP (extensão subjetiva dos recursos). Não se pode olvidar a possibilidade de concessão pelos Juízes e Tribunais do habeas corpus de ofício (art. 654, § 2º, CPP).

CAPÍTULO IX

PARTICULARIDADES

1. Uso de algemas

Segundo o artigo 284 do CPP, somente será utilizada força na prisão, dentro do estritamente necessário ("*o indispensável*"), nos casos em que houver resistência ou tentativa de fuga do preso, situação em que o atuar policial estará ao abrigo do estrito cumprimento de um dever legal. O art. 292 do CPP, em caso de resistência, autoriza a defesa (legítima defesa) e a utilização dos meios para vencer a resistência (utilização de algemas), com as restrições no que tange à mulher grávida (art. 292, parágrafo único, CPP). A Lei 13.964/2019, incluiu o parágrafo único ao art. 25 do CP, especificando agir em legítima defesa o agente de segurança pública que repele agressão ou risco de agressão a vítima mantida refém durante a prática de crimes. As algemas se ligam ao trinômio força, resistência e violência, na concretude fática momentânea. A CF, em seu art. 5º, XLIX assegura ao preso o respeito à integridade física e moral, garantia que se viola quando é algemado sem necessidade (entrega, não oferecimento de resistência, por exemplo) e exposto à execração midiática. Os objetivos de causar humilhação, mero exercício de poder, ou só pela simples dominação não encontram guarida constitucional.

Já assentou o STF, na Súmula Vinculante n. 11, que "*só é lícito o uso de algemas em casos de resistência e de fundado receio de fuga ou de perigo à integridade física própria ou alheia, por parte do preso ou de terceiros, justificada a excepcionalidade por escrito, sob pena de responsabilidade disciplinar, civil e penal do agente ou da autoridade e de nulidade da prisão ou do ato processual a que se refere, sem prejuízo da responsabilidade civil do Estado"*. Insere-se, o ditame do STF, na dignidade da pessoa humana (art. 1°, III, CF), um dos fundamentos da República Federativa do Brasil.

A necessidade de sumular, modo vinculante, o emprego de algemas, certamente fundou-se em um número importante de casos que aportaram à Suprema Corte. O emprego de algemas durante o julgamento no plenário do Tribunal do Júri restou vedado expressamente a partir da reforma parcial do CPP de 2008, salvo quando absolutamente necessário à ordem dos trabalhos, à segurança das testemunhas ou à garantia da integridade física dos presentes (art. 474, § 3°, CPP). O fundamento dessa veação está nos efeitos contagiantes que produz nos jurados, julgadores leigos, o acusado algemado no plenário, durante todo o julgamento.

2. Formalidades do mandado de prisão e seu cumprimento

Salvo a hipótese de flagrante delito, a prisão requer ordem judicial, consubstanciada no mandado judicial (art. 5°, LXI, CF), o qual deverá ser exibido ao sujeito a ser preso, salvo a excepcionalíssima hipótese prevista no art. 287 do CPP. A formalidade é garantia da legalidade e constitucionalidade da prisão e deve atender aos requisitos constantes nos arts. 285 a 293 do CPP. A Lei 13.964/2019 deu nova redação ao art. 287 do CPP, de modo que nas infrações penais inafiançáveis, o sujeito poderá ser preso, independentemente da exibição do mandado, mas deverá ser conduzido imediatamente ao juízo que tiver expedido a ordem de prisão, para que realize a audiência de custódia. Implementado o Juiz de Garantias, até o recebimento da denúncia, é sua a competência para realizar o referido ato (art. 3°-B e 3°-C, CPP). A dispensa é da exibição do mandado, mas não de sua expedição. Portanto, deverá haver uma decisão judicial prévia, bem como o mandado expedido, sob pena de a prisão ser ilegal.

Deverão constar no mandado, a lavratura pelo escrivão, a assinatura do juiz, a identificação qualificada do sujeito a ser preso, o crime praticado, o motivo da prisão, o valor da fiança, quando cabível, bem como a destinação a quem tiver legitimidade para prender (oficial de justiça ou a autoridade policial). Dentre as particularidades dos provimentos administrativos de cada unidade da Federação, é fundamental constar o prazo de validade do mandado, sob pena de alguém ser capturado e preso após a prescrição. Além disso, uma vez modificada a decisão que decretou a prisão, os mandados expedidos deverão ser recolhidos para evitar o cumprimento de uma ordem inválida.

Quando for deprecada a prisão, o inteiro teor do mandado deverá constar na carta precatória, providenciando-se a remoção do preso, no prazo máximo de trinta dias (art. 289, CPP). O art. 289 recebeu nova redação com a Lei 12.403, de 4 de maio de 2011, com acréscimo de mais dois parágrafos e mais do art. 289-A. Passou-se a admitir, em casos urgentes, a requisição da prisão por qualquer meio de comunicação (preso estiver no território nacional, fora da Comarca de jurisdição do juiz processante), com as precauções necessárias para averiguar a autenticidade da comunicação. Também poderá ocorrer a requisição (autoridade superior a inferior) da captura, à vista de mandado judicial, por qualquer meio de comunicação, segundo a nova disposição do art. 299 do CPP.

O sujeito, ao ser preso, receberá uma cópia do mandado, com a informação do dia, hora e lugar da prisão (controle do ingresso no cárcere e do tempo da prisão), da qual passará recibo à autoridade, o qual será juntado aos autos. Isso porque, quem é preso, tem o direito de identificar o autor da prisão (art. 5º, LXIV, CF). Ao recolher o preso ao cárcere, também deverá ser exibido o respectivo mandado ao responsável pelo estabelecimento penitenciário, quem fará o recebimento (art. 288, CPP).

Nos termos do art. 289-A do CPP, o juiz que expediu o mandado de prisão providenciará o seu imediato registro em Banco de Dados do CNJ,[1] a ser regulamentado (§ 6º). Uma vez registrado o mandado no CNJ, qualquer policial poderá efetuar a prisão, ainda que em Comarca diversa do juiz que o expediu (§ 1º). Porém, o policial poderá efetuar a prisão, mesmo sem o registro no CNJ, desde que adote as cautelas necessárias no que tange à autenticação do instrumento e faça as devidas comunicações à autoridade judiciária autora do decreto da0 prisão e providencie o registro no CNJ (§ 2º). Tanto o juiz do local do cumprimento da medida, quanto o que decretou a prisão deverão ser cientificados do ocorrido (§ 3º). Justifica-se o registro em banco de dados nacional, mormente nas situações em que se desconhece o paradeiro do sujeito.[2]

A autoridade policial poderá replicar os mandados, diante da necessidade de seu cumprimento (art. 297, CPP) e requisitar a sua captura à autoridade policial de outra circunscrição (art. 298, CPP). Além da exibição do mandado, com todas as formalidades, nos termos do art. 5º, LXII, da CF, e do art. 289-A, § 4º, do CPP, o preso deverá ser informado de seus direitos e, caso não decline o nome de seu defensor, a prisão deverá ser comunicada à Defensoria Pública.

Havendo perseguição de suspeito, indiciado ou réu, o art. 290 do CPP

---

1. V. Resolução 137/07/2011 do CNJ acerca da regulamentação do art. 289-A, do CPP do Banco Nacional de Mandados de Prisão (BNMP) e www.cnj.jus.br/banco-ncional.de-mandados-de--prisao-bnmp-resolucao-137/, acesso em 17/02/2020.

2. V. Fernandes, Og. "Constituição, processo e prisão", em *Medidas cautelares no processo penal, prisões e suas alternativas* (organizador). São Paulo: RT, 2011, p. 69 e ss., acerca do banco nacional de dados do Judiciário.

autoriza o executor a efetuar a prisão no lugar onde alcançar o sujeito (outra Comarca ou Estado), devendo apresentá-lo ao juiz da Comarca da detenção, providenciando na remoção. Em caso de dúvida acerca do executor ou da autenticidade do mandado, o detido poderá permanecer em custódia até ser solvida a dúvida (não se trata de prisão ilegal, mas de proteção ao perseguido).

Diante da resistência da pessoa a ser detida ou de terceiros (não querem que a prisão ocorra), o executor e quem o auxiliar poderão usar de meios à defesa e vencer a resistência (justificável o uso de algemas, no caso), nos termos do art. 292 do CPP. Além da resistência, o sujeito a ser preso poderá invadir alguma casa, com o fito de evitar a detenção. Em casos tais, o art. 293 estabelece os limites do cumprimento do mandado: ingresso com autorização do morador ou utilização da força, durante o dia, mediante auto, assinado por duas testemunhas. Com isso, se mantém a garantia da proteção do domicílio (art. 5º, XI, CF). Não se faz mister mandado de busca. A obstaculização da efetivação da prisão, durante o dia, poderá tipificar o delito de favorecimento pessoal. Essa situação também se aplica à situação de flagrante (art. 294, CPP), mas com a abrangência do art. 5º, XI, CF.

3. Prisão especial, em quartéis e separação de presos

Determinadas pessoas, elencadas no arts. 295 e 296 do CPP, no art. 36, § 1º da CF (interventores) e em leis especiais (Lei 3.988/61 - pilotos de aeronaves mercantes e nacionais, Lei 2.860/56 - dirigentes de entidades sindicais, Decreto-Lei 1.706/39 - Livro de Mérito, Lei Complementar 35/79 - magistrados), enquanto permanecerem presas preventivamente, não serão recolhidas ao cárcere comum e nem em celas comuns. A distinção que a Constituição Federal faz diz respeito à separação no cumprimento da pena de acordo com a natureza do delito, a idade e o sexo do apenado (art. 5º, XLVIII, CF).

Agora, o art. 300 do CPP determina a separação dos presos sem condenação dos já condenados, não só dos que gozam da prisão especial. Portanto, sob pena de constrangimento ilegal, deverá haver estabelecimentos carcerários ou parte deles destinados, exclusivamente, aos presos sem condenação, com direito ou não à prisão especial. Porém continua existindo a prisão especial, a qual possui vários patamares e desdobramentos: a) estabelecimento específico ao preso especial; b) cela separada dos presos comuns; c) prisão domiciliar quando inexistentes os estabelecimentos ou as celas distintas (Lei 5.256/67); d) recolhimento à Sala do Estado-Maior (quartel da Polícia Militar); e) quartel da instituição a que pertencer o militar preso.

Há alguns limites à prisão especial. O mais relevante restringe a necessidade de o delito ter sido praticado no exercício da função, diante da alegação de que se protege a função e não a pessoa que goza do privilégio da prisão especial. Porém, na maioria dos casos, o preso já foi afastado de suas funções ou trilhou a senda do afastamento definitivo destas, de modo que não mais se sustenta a prisão especial, salvo algumas exceções verificáveis no local e momento do recolhimento (policiais, defensores, promotores e magistrados da área criminal).

E quando não houver possibilidade de separar os presos sem condenação, dos demais? Na omissão e falta, se evidencia o constrangimento ilegal da prisão, passível de substituição da prisão preventiva pela domiciliar, como forma integrativa ao art. 318 do CPP.[3]

O advogado, segundo o Estatuto da Advocacia (art. 7º, V, Lei 8.906/94) cumprirá a prisão preventiva em sala do Estado-Maior e, na sua falta, em prisão domiciliar. Trata-se de prerrogativa funcional assegurada por lei, até o trânsito em julgado da sentença penal condenatória. Não havendo sala adequada, é de ser deferida a prisão domiciliar. O militar preso será recolhido ao quartel da própria instituição a que pertencer, nos termos do art. 300, parágrafo único, do CPP. Os policiais, mesmo após o trânsito em julgado, por expressa disposição legal, deverão cumprir pena separados dos demais presos.

A CF possui vários dispositivos, os quais deveriam ser aplicados nos estabelecimentos prisionais. Observa-se a existência de tratamento desumano e degradante nos cárceres, a ausência de estabelecimentos distintos para cumprimento da pena, de acordo com a natureza do delito (estupro, homicídio, tráfico, roubo), a idade do apenado (presos com pouca idade cumprindo pena junto com os mais experientes), descumprindo-se o que previsto na CF. O desrespeito à integridade física e moral do preso se infere do apinhamento de centenas de presos em celas que comportam um número reduzido de apenados, da cooptação destes por organizações que operam dentro do sistema penitenciário, bem como da submissão de familiares de presos às ordens dos controladores das galerias dos presídios. As presidiárias deverão receber condições para que possam permanecer com seus filhos durante o período de amamentação, nos termos do art. 5º, L, CF.

A Lei de Execução Penal (LEP - Lei 7.210/84) também estabelece uma série de regras no que tange ao sistema carcerário. Quando o preso ingressar no sistema penitenciário, deverá ser feita uma avaliação inicial, com o objetivo de individualizar o cumprimento da sanção, aplicando-se, inclusive, aos presos sem condenação definitiva (arts. 5º a 9º, LEP). No interior do cárcere deverá ser dada assistência integral ao preso, também no que tange à sua saúde (arts. 12 a 24, LEP). A lei elenca inúmeros direitos dos presos (arts. 40 a 43, LEP). Porém, o que se observa nos cárceres brasileiros é o desrespeito aos mínimos

---

3. V. Cap. VI. Item 8, acerca da prisão domiciliar.

direitos estabelecidos nas leis ordinárias, na Constituição Federal e nas Convenções Internacionais.

O art. 300 do CPP expressamente determina a separação dos presos com condenação definitiva dos com prisão preventiva. Em país onde não há estabelecimentos suficientes para o cumprimento de penas em regime semiaberto e aberto, com descumprimento olímpico das leis, sem nenhuma sanção aos agentes públicos, já se pode prever o que ocorrerá. Mas a lei exige a separação. Inclusive, a nova redação do art. 300 do CPP retirou a expressão "*sempre que possível*". Agora, a exigência de separação é obrigatória, sobe pena de a prisão cautelar tornar-se ilegal.

O militar preso em flagrante delito, independentemente de o crime ser militar ou não, após a lavratura do auto de prisão em flagrante deverá ser recolhido a quartel da instituição. Portanto, o militar não poderá ser encaminhado ao presídio. A lei não faz distinção entre as espécies de crime praticados pelo militar e nem se da competência restrita da Justiça Militar. Porém, o dispositivo foi inserido no Código de Processo Penal, motivo de sua aplicação na Justiça Comum.

4. A insubsistência da prisão temporária

O que fazer quando não se pode mais prender para investigar porque a CF somente passou a autorizar a prisão decorrente de flagrante delito ou de ordem escrita de uma autoridade judiciária competente? Simples, substituir a prisão para averiguações por outra espécie de prisão, com um qualificativo: autorização judicial. Mas como? Mais simples ainda: através de uma medida provisória, alheia ao procedimento legislativo representativo da cidadania (resquício do entulho autoritário). Caso não for assim, "não se pode mais investigar", "a polícia prende e a justiça solta", "aumentará a sensação de impunidade"... Tudo inserido na ideologia de que os bons estão presos em suas casas, trancados e vigiados por câmaras de segurança e os inimigos da sociedade estão soltos nas ruas. Ao Estado-Investigador devem ser outorgados os meios necessários à investigação, mas não através de colaboração do sujeito investigado, na medida em que possui o direito ao silêncio e o de não produzir prova à sua própria incriminação.

Foi assim que, logo após a Constituição de 1988, através da Medida Provisória 111, de 24 de novembro de 1989, nasceu a denominada prisão temporária, a qual foi transformada na Lei 7.960/1989, com importantes vícios constitucionais de origem. Isso porque, segundo a Constituição Federal, a Medida Provisória (substituiu o antigo Decreto-Lei), cabe nos casos de relevância e urgência (art. 62, CF). É certo que as medidas provisórias têm força de lei, mas, a Lei da Prisão Temporária não possui a relevância e a urgência suficientes para desviar-se do processo legislativo democrático. Apesar da tolerância que há quanto à urgência e relevância, no caso da Lei 7.960/89, se trata de prisão para investigação policial, com importante interferência no direito fundamental da liberdade.

Agora, com um novo sistema de medidas cautelares e com a previsão da prisão preventiva quando houver dúvida sobre a identidade civil ou quando o suspeito não fornecer elementos suficientes para esclarecê-la (art. 313, parágrafo único, CPP), não tem mais aplicação a Lei 7.960/89.[4] Continuar admitindo a prisão temporária em nosso sistema cautelar é retroagir à época das prisões para averiguação, para investigar, para realizar o reconhecimento e a acareação e, na contemporaneidade, com maiores requintes: viabilizar a delação premiada. Como a dúvida sobre a identidade passou a ser objeto da prisão preventiva, restaria, em tese, a descoberto, apenas a hipótese do art. 1°, I, da Lei 7.960/89 (imprescindível para as investigações do inquérito policial), situação intolerável no atual estágio evolutivo do constitucionalismo. Ademais, não há uma delimitação do significado e do conteúdo do "*imprescindível*". A investigação policial há de desvincular-se da perspectiva de ser o suspeito um objeto de investigação ou a única fonte para elucidar e circunscrever o delito.

Para os que continuarão insistindo na aplicação da Lei 7.960/89, é preciso dizer que se trata de medida restritiva da liberdade, com limitação temporal e a determinados delitos, cabível na investigação policial, com funcionalidade limitada (eficácia da investigação). Exige-se uma base indiciária de autoria e demonstração da existência do fato típico, ilícito e culpável (*fumus commissi delicti*),[5] verificáveis, de modo objetivo e não presumido, no momento da decretação da prisão temporária, sob pena de a constrição da liberdade decorrer apenas da objetividade delitiva. Distancia-se da adequação constitucional a prisão para demonstrar o *fumus comissi delicti*: deter para ouvir, para investigar e para logo concluir a investigação. O art. 1°, III, da Lei 7.960/89 contém uma exigência de "*fundadas razões*" de autoria e participação nos delitos elencados, isto é, um substrato idôneo, apto a produzir os seus efeitos. Outro requisito é o da "*imprescindibilidade das investigações*", ou seja, a exigência da necessidade de encarceramento cautelar não é porque a liberdade do sujeito possa gerar um risco, um perigo ou dano ao processo ou à aplicação do *ius puniendi* (prisão preventiva e outras medidas cautelares previstas no art. 319 do CPP), mas por uma necessidade persecutória indispensável da polícia, sem a qual a investigação não atingiria seus objetivos. Todavia, é de ser exigida a presença de uma argumentação razoável de que a liberdade do investigado possa interferir na

---

4. Em. MALAN, Diogo. "Prisão temporária", em *70 anos do código de processo penal brasileiro, balanço e perspectivas de reforma* (Diogo Malan e Flávio Mirza, coordenadores). Rio de Janeiro: Lumen Juris, 2011, p. 73 e ss., se pode ver a evolução da prisão no Brasil, a introdução da prisão temporária e a conclusão do autor pela inconstitucionalidade do referido instituto.

5. V. Capítulo VI, item 3.1, acerca do *fumus commissi delicti* na prisão preventiva.

investigação. As metodologias ultrapassadas, as velhas práticas e o abandono totalizante da fase preliminar do processo penal pelo Estado[6] mantêm a prisão temporária na perspectiva da então prisão para averiguações.

O outro requisito é o da inexistência de residência fixa ou não fornecimento dos elementos necessários ao esclarecimento de sua identidade. A miséria e as condições desumanas que atingem importante parcela da população brasileira afastam a preocupação com uma residência fixa, pois a necessidade de sobrevivência é mais urgente. Por isso, em determinadas situações, basta a exigência de localização em determinado lugar (beco, travessa). A configuração do lugar onde o suspeito reside, onde pode ser encontrado, é o referencial. A dúvida acerca da identidade civil também poderá autorizar a prisão preventiva (art. 313, parágrafo único, CPP).

O sistema de medidas cautelares alternativas também há de ser considerado na prisão temporária, por ter natureza jurídica de medida cautelar, assim como o é a hipótese de suspensão da permissão ou da habilitação para dirigir (art. 294, Lei 9.503/1997). Trata-se de recolhimento ao cárcere, embora com limitação no tempo, cuja dimensão, no cárcere, não é a mesma do relógio. Por isso, se aplica o art. 282 do CPP, na sua funcionalidade restrita à investigação policial. Portanto, é de ser observada a necessidade à investigação (incisos I e II), nos casos expressamente previstos (crimes, inciso III) e sua adequação à gravidade do crime, circunstâncias do fato e condições pessoais do sujeito. Não fosse assim, todo mendigo e catador de papelão poderiam ser presos temporariamente. A necessidade se vincula à menor restrição possível ao direito de liberdade, situação que, em termos de prisão temporária, há que limitar-se ao tempo imprescindível para atingir o resultado (não aguardar o último dia do prazo para efetivar o objetivo). A adequação se relaciona com a idoneidade do meio utilizado para atingir o resultado. Contudo, aqui, se trata de encarceramento temporário, motivo por que podem ser feitas as seguintes perguntas: não há outros meios menos gravosos para atingir o mesmo resultado? Qual a extensão do delito? As condições particulares do suspeito justificam a prisão temporária? Havendo a possibilidade de serem utilizadas medidas cautelares alternativas (art. 319, CPP), a prisão temporária não atinge o requisito da necessidade e adequação. Ademais, o requisito do inciso II compreende-se no inciso anterior e somente a integração dos pressupostos e requisitos, de forma cumulativa, é que autorizam, legalmente, a prisão temporária. Esta, portanto, além dos requisitos e pressupostos constantes na Lei 7.960/89, se vincula à CF e ao sistema de medidas cautelares alternativas ao encarceramento (art. 319,

6. V. GIACOMOLLI, N.J. *A Fase Preliminar do Processo Penal: crises, misérias e novas metodologias investigatórias*. Rio de Janeiro: Lumen Juris, 2011, acerca dessas constatações.

CPP): reserva jurisdicional, motivação e fundamentação, presunção de inocência, reserva legal, provisionalidade, provisoriedade, proporcionalidade, recolhimento ao cárcere como última alternativa cautelar (art. 282, § 6º, do CPP); adequação e necessidade da medida (art. 282, I e II, CPP)[7].

5. Detração

Não paira dúvida acerca da possibilidade de ser reduzido da pena privativa de liberdade imposta, o tempo de cumprimento da prisão preventiva e da prisão temporária. Na mesma perspectiva, ocorrerá redução da internação provisória na medida de segurança imposta. É o que se infere do art. 42 do CP. Há discussão doutrinária e jurisprudencial acerca da exigibilidade ou não do nexo de causalidade entre a prisão processual e a prisão decorrente da pena, para efeitos de detração (diversidade de processos - absolvido no processo onde respondia preso e condenado em outro processo, por exemplo). O posicionamento majoritário afasta a possibilidade de detrair tempo de prisão cumprido em outro processo, exigindo o nexo de causalidade, salvo quando o crime pelo qual o apenado cumpre pena, em face da condenação, tenha sido cometido antes do crime onde ocorreu a absolvição, cujo tempo de prisão, então, pode ser descontado.

Diante disso, se questiona: pode ser reduzida da pena privativa de liberdade fixada o tempo de cumprimento das medidas cautelares previstas no art. 319 do CPP? Uma interpretação literal e estreita do art. 42, CPP afastaria essa possibilidade. Todavia, a situação não se reduz à trivialidade superficial da literalidade. Além das medidas cautelares alternativas, se faz mister analisar a possibilidade de detração nos casos de prisão domiciliar (art. 318, CPP). Nessa hipótese, o imputado, para todos os efeitos legais, está preso; porém, não mais no cárcere, mas em sua residência, de onde somente poderá sair com autorização judicial. Para todos os efeitos legais, o sujeito está preso e a situação jurídica continua sendo de réu preso cautelarmente. Nessa hipótese, incide a detração[8].

E no que tange à aplicação das outras medidas cautelares alternativas? Aqui, a situação é diferente do recolhimento ao cárcere ou à residência. Embora haja tolhimento de certo âmbito da liberdade, a restrição não é total como na prisão cautelar ou na prisão domiciliar dos arts. 318, 318-A e 318-B, do CPP.

Em razão das especificidades das medidas alternativas do art. 319 do CPP, o período de cumprimento há de ser considerado penologicamente, na detra-

---

7. V. Capítulo I, acerca dos fundamentos principiológicos das medidas cautelares.

8. V., nesse sentido, Mendonça, Andrey Borges. *Prisão e outras medidas cautelares pessoais*. São Paulo: Método, 2011, p. 422.

ção da pena privativa de liberdade fixada (art. 319, V[9], VII[10] e IX, CPP), na medida em que houve restrição importante no direito de ir e vir; na detração da medida substitutiva da pena privativa de liberdade (prestação de serviços à comunidade por dois anos, menos um ano em que o imputado apresentou-se a juízo, por exemplo), nas demais hipóteses, quando a pena privativa de liberdade for substituída por penas restritivas de direito. Nas situações em que não for possível a detração, as restrições do art. 319 do CPP devem ser consideradas na fixação da pena-base ou como circunstância atenuante inominada (art. 66, CP).

A interpretação do art. 319, VII, do CPP há de abarcar, além das hipóteses de inimputabilidade e de semi-imputabilidade, os casos de internação para tratamento de dependência química, de reabilitação, de forma voluntária ou coativa, por representarem restrição total da liberdade, um severo gravame ao direito de ir e vir, na perspectiva de recuperação e ressocialização.

6. Indenização pela prisão indevida

Segundo o art. 9.5 do PIDCP, qualquer pessoa vítima de prisão ou encarceramento ilegais terá direito à reparação. A CF, em seu art. 5º, LXXV, garante a indenização nos casos de condenação por erro judiciário e nas hipóteses de permanência da prisão além do tempo fixado na decisão condenatória. Quando o réu permaneceu preso preventivamente e depois for absolvido? E quando o réu esteve preso e a condenação permite a substituição da pena privativa de liberdade por sanções restritivas de direito ou fixar penas diversas da privação de liberdade? E quando permaneceu preso preventivamente por tempo superior ao da pena fixada na sentença? Além dessas situações, outras poderão ser integradas ao questionamento. Essas situações estão aquém da potencialidade danosa prevista na CF, motivo por que servem de suporte fático legítimo à pretensão civil reparatória. A situação processual reconhecida na decisão que transitou em

---

9. Segundo Barros, Flaviane de Magalhães; Machado, Felipe Daniel Amorim. *Prisão e Medidas Cautelares*: nova reforma do processo penal - Lei 12.403/11. Belo Horizonte: Del Rey, 2011, p. 15, o recolhimento domiciliar se aproxima das medidas de caráter satisfativo ou de prevenção específica *ante factum*. Tanto é que se assemelha à limitação de final de semana, prevista como medida substitutiva da pena privativa de liberdade (art. 43, VI, CP). Contudo, a medida cautelar restringe mais a liberdade do acusado que a referida medida executiva, pois a limitação de final de semana exige o recolhimento em lugar específico pelo prazo máximo de 5 horas por final de semana, e a medida cautelar prevê a restrição da liberdade como o recolhimento domiciliar durante todas as noites da semana, e a restrição total nos dias de gola (final de semana ou não). V. STJ HC 380.369/DF, rel. Min. Ribeiro Dantas, 5ª T., *DJe* de 27/09/2017, onde considerou o recolhimento noturno como tempo de pena cumprido, a ser objeto da detração, com fundamento no princípio da proporcionalidade e do *non bis in idem*; HC 496049, 5ª T., rel. Min. Félix Fischer, DJe de 20/05/2019; AgRg no HC 508191, 5ª T., rel. Min. Joel Ilan Paciornik, *DJe* de 03/09/2019.

10. V. art. 387, § 2º, do CPP acerca da consideração que o juiz há de realizar, no momento de prolação da sentença, considerando o tempo de internação na determinação do regime de cumprimento de pena.

julgado retroage ao início da situação procedimental ou processual, suprimindo a aparência de legalidade existente no momento da prisão. Reconhecida está a ilegalidade da prisão. Há outras situações mais evidentes, como a detenção em casos expressamente vedados em lei, na fundamentação espúria da prisão, mesmo que, ao final, venha a ser condenada criminalmente. Ademais do elemento temporal, integram a indenização todos os elementos fáticos carcerários e seus reflexos na desmaterialização humanitária do encarcerado e de sua família.

O CPP português expressamente prevê a possibilidade de indenização diante de privação da liberdade ilegal ou injustificada. Inclui-se nessa conceituação o erro grosseiro na apreciação dos pressupostos fáticos e a comprovação de o detido não ter sido o autor do fato (art. 225). O TEDH, em vários casos, reconheceu o direito a uma reparação, pela prisão indevida: *Caso Englert vs. Alemanha* (1987); *Caso Brogan e Outros vs. Reino Unido*, de 1988 (prisão legal, mas contrária à convencionalidade); *Caso Georgiades vs. Grécia* (2003); *Caso Nikolova vs. Bulgária* (1999); *Caso Puig Panella vs. Espanha*, de 2006 (preso absolvido).

BIBLIOGRAFIA

ALBUQUERQUE, Laura Gigante e GIACOMOLLI, Nereu José. "A audiência de custódia e os seus impactos no sistema de justiça criminal brasileiro", em *Revista de Estudos Criminais*, v. 67, 2017, p. 155 a 178.

ÁVILA, Humberto. *Teoria dos princípios da definição à aplicação dos princípios jurídicos*. São Paulo: Malheiros, 2009.

BADARÓ, Gustavo Henrique e LOPES Jr., Aury. *Direito ao processo penal no prazo razoável*. Rio de Janeiro: Lumen Juris, 2ª ed., 2009.

______. "Medidas cautelares alternativas à prisão preventiva", em *Medidas cautelares no processo penal, prisões e suas alternativas* (Og Fernandes, coordenador). São Paulo: RT, 2011, p. 205 a 297.

BARROS, Flaviane de Magalhães; MACHADO, Felipe Daniel Amorim. *Prisão e Medidas Cautelares*: nova reforma do processo penal - Lei 12.403/11. Belo Horizonte: Del Rey, 2011.

BARTOLE, Sérgio; CONFORTI, Benedetto e RAIMONDI, Guido. *Commentario alla Convenzione Europea per la Tutela dei Diritti dell'Uomo e delle Libertà Fondamentali*. Milão: Cedam, 2001.

CANOTILHO, J.J. *Direito Constitucional e Teoria da Constituição*. Lisboa: Almedina, 1998.

CARNELUTTI, Francesco. *As Misérias do Processo Penal*. São Paulo: CONAN, 1995.

CARVALHO, Luiz Gustavo Grandinetti Castanho de. *Processo penal e constituição*. Rio de Janeiro: Lumen Juris, 2009.

Carvalho, Luís Gustavo Grandinetti Castanho de. "Art. 5º, LXII - a prisão de qualquer pessoa e o local onde se encontre serão comunicados imediatamente ao juiz competente e à família do preso ou à qualquer pessoa por ele indicada", em Gomes Canotilho, J.J., Mendes, Gilmar Ferreira; Sarlet, Ingo Wolfgang e Sreck, Lênio Luiz (coord.). *Comentários à Constituição do Brasil*. São Paulo: Saraiva Educação, 2018, p. 488 a 490.

Chiavario, Mário. "La presunzione d'innocenza nella giurisprudenza della Corte Europea dei diritti dell'uomo", em *Studi in Ricordo di Giandomenico Pisapia*. Milão: Giuffrè, 2000.

Chiavario, Mário. "Presunzione d'innocenza e diritto di difesa nel pensiero di Francesco Carrara", em *Rivista Italiana de Diritto e Procedura Penale*, 1991.

Chiavario, Mário. *Problemi attuali della libertà personale, tra "emergenze" e "quotidiano" della giustizia penale*. Milão: Giuffrè, 1985.

Chiavario, Mário. *Processo e Garanzie della Persona, II*. Milão, Giuffrè, 1984.

Choukr, Ana Cláudia Ferigato; Prado, Geraldo e Japiassú, Carlos Eduardo Adriano (org.). Processo Penal e Garantias. Florianópolis: Empóriododireito, 2016.

Comparato, Fábio Konder. *A Afirmação Histórica dos Direitos Humanos*. São Paulo: Saraiva, 2004.

Conforti, Benedetto; Bartole, Sérgio e Raimondi, Guido. *Commentario alla Convenzione Europea per la Tutela dei Diritti dell'Uomo e delle Libertà Fondamentali*. Milão: Cedam, 2001.

Cordero, Franco. *Guida alla Procedura Penale*. Torino: UTET, 1986.

Cruz, Rogério Schietti Machado. *Prisão Cautelar: dramas, princípios e alternativas*. RJ: Lumen Juris, 2ª ed., 2011.

Cuello Contreras, J. *El Derecho Penal Español, Curso de Iniciación, Parte General*. Madri: Civitas, 1996.

Dominioni, Oreste. *Commentario della Constituzione - Art. 27-28*. Bolonha: Zanichelli, 1991.

Fazzalari, Elio. *Instituições de Direito Processual*. Campinas, Bookseller, 2006.

Fernandes, Og. "Constituição, processo e prisão", em *Medidas cautelares no processo penal, prisões e suas alternativas* (coordenador). São Paulo: RT, 2011, p. 53 a 100.

______. (coordenador). *Medidas cautelares no processo penal, prisões e suas alternativas*. São Paulo: RT, 2011.

Fernández, Maurício Decap et ali (org.). *El Modelo Adversarial em Chile*. Santiago do Chile: Thomson Reuters, 2013.

FERRAJOLI, Luigi. *Derecho y Razón. Teoría del Garantismo Penal*. Madri: Trotta, 1997.

FERRAIOLI, Marzia. *Il ruolo di "garante" del giudici per le indagini preliminari*. Padova: Cedam, 1993.

FERRUA, Paolo. *Il giusto processo*. Bolonha: Zanichelli, 2ª ed., 2007.

FIGUEIREDO DIAS, Jorge. *Direito penal, parte geral, tomo* I. Coimbra: Coimbra Editora, 2004.

GALÍCIA, Caíque Ribeiro e GIACOMOLLI, Nereu José. "Audiência de Custódia: a concretização da utopia", em *Pensar - Revista de Ciências Jurídicas*, v. 22, 2017, p. 1 a 12.

GARCÍA-PABLOS DE MOLINA, A. *Derecho penal, introducción*. Madri: UCM, 2000.

GASPAR, António da Silva Henrique. *Código de Processo Penal Comentado*. Coimbra: Almedina, 2016.

GHIARA, Aldo. "Presunzione di innocenza, presunzione di «non colpevolezza» e formula dubitativa, anche alla luce degli interventi della corte costituzionale", em *Rivista Italiana di Diritto e Procedura Penale*, 1974.

GIACOMOLLI, N.J. *A Fase Preliminar do Processo Penal: crises, misérias e novas metodologias investigatórias*. Rio de Janeiro: Lumen Juris, 2011.

GIACOMOLLI, Nereu José. *Juizados especiais criminais*. Porto Alegre: Livraria do Advogado Editora, 2009.

GIACOMOLLI, Nereu José. *Legalidade, oportunidade e consenso no processo penal, na Perspectiva das Garantias Constitucionais*. Porto Alegre: Livraria do Advogado, 2006.

GIACOMOLLI, N.J. *O Devido Processo Penal: abordagem conforme a CF e o Pacto de São José da Costa Rica*. São Paulo: Gen/Atlas, 2016.

GIACOMOLLI, Nereu José (org.). *Prisão Cautelar e Medidas Alternativas ao Cárcere*. Florianópolis: Empóriododireito, 2016.

GIACOMOLLI, Nereu José e MAYA, André. "O juiz de garantias no projeto de reforma do Código de Processo Penal", em PRADO, Geraldo; CHOUKR, Ana Cláudia Ferigato e JAPIASSÚ, Carlos Eduardo Adriano (org.). Processo Penal e Garantias. Florianópolis: Empóriododireito, 2016, p. 107 a 134.

GIACOMOLLI, Nereu José. "Juiz de garantias - um nascituro estigmatizado", em MALAN, Diogo e MIRZA, Flávio (org.). *70 Anos do Código de Processo Penal Brasileiro*. Rio de Janeiro: LumenJuris, 2012, p. 299 a 308.

GIACOMOLLI, Nereu José. "Art. 5º, LVII - ninguém será considerado culpado até o trânsito em julgado da sentença penal condenatória", em GOMES CANOTILHO,

J.J., Mendes, Gilmar Ferreira; Sarlet, Ingo Wolfgang e Sreck, Lênio Luiz (coord.). *Comentários à Constituição do Brasil*. São Paulo: Saraiva Educação, 2018, p. 471 a 478.

Giacomolli, Nereu José e Galícia, Caíque Ribeiro. "Audiência de Custódia: a concretização da utopia", em *Pensar - Revista de Ciências Jurídicas*, v. 22, 2017, p. 1 a 12.

Giacomolli, Nereu José e Albuquerque, Laura Gigante. "A audiência de custódia e os seus impactos no sistema de justiça criminal brasileiro", em *Revista de Estudos Criminais*, v. 67, 2017, p. 155 a 178.

Gomes Canotilho, J.J. *Direito Constitucional e Teoria da Constituição*. Coimbra, Almedina, 2003.

Gomes Canotilho, J.J., Mendes, Gilmar Ferreira; Sarlet, Ingo Wolfgang e Streck, Lênio Luiz (coord.). *Comentários à Constituição do Brasil*. São Paulo: Saraiva Educação, 2018.

Gomes Canotilho, Antônio Magalhães. *Presunção de inocência e prisão cautelar*. São Paulo: Saraiva, 1991.

______. "Medidas cautelares e princípios constitucionais", em *Medidas Cautelares no Processo Penal, prisões e suas alternativas* (Og Fernandes, coordenador). São Paulo: RT, 2011, p. 15 a 51.

Gomes, Luiz Flávio e Piovesan, Flávia. *O Sistema Interamericano de Proteção dos Direitos Humanos e o Direito Brasileiro*. São Paulo: RT, 2000.

González-Cuellar Serrano, Nicolás. *Proporcionalidad y Derechos Fundamentales en el Proceso Penal*. Madrid: Colex, 1990.

Grevi, Vittorio. *Compendio di Procedura Penale*. Pádua: CEDAM, 2010.

Hassemer, W. *Persona, Mundo y Responsabilidad, Bases para una Teoria de la Imputación en el Derecho Penal*. Valência: Tirant lo Blanch, 1999.

Illuminati, Giulio. *La presunzione d'innocenza dell'imputato*. Bolonha: Zanichelli, 1984.

Japiassú, Carlos Eduardo Adriano; Choukr, Ana Cláudia Ferigato e Prado, Geraldo (org.). Processo Penal e Garantias. Florianópolis: Empóriododireito, 2016.

Jescheck, H-H. *Tratado de Derecho Penal, parte general*. Granada: Comares, 1993.

Kerckhove, Derrick de. *A Pele da Cultura: uma investigação sobre a nova realidade eletrônica*. Lisboa: Relógio D'Água, 1997.

Larenz, Karl. *Derecho Justo, Fundamentos de Ética Jurídica*. Madri: Civitas, 1985.

LIMA, Renato Brasileiro. *Nova prisão cautelar*. Rio de Janeiro: Impetus, 2011.

LOPES Jr. Aury. *O Novo Regime Jurídico da Prisão Processual, Liberdade Provisória e Medidas Cautelares Diversas*. Rio de Janeiro: Lumen Juris, 2ª ed., 2ª tiragem, 2011.

LOPES Jr., Aury e BADARÓ, Gustavo Henrique. *Direito ao Processo Penal no Prazo Razoável. Direito a um Processo Penal no Prazo Razoável.* 2ª Ed., RJ: Lumen Juris, 2009.

MACHADO, Felipe Daniel Amorim e BARROS, Flaviane de Magalhães. *Prisão e Medidas Cautelares*: nova reforma do processo penal - Lei 12.403/11. Belo Horizonte: Del Rey, 2011.

MENDES, Gilmar Ferreira; GOMES CANOTILHO, J.J.; SARLET, Ingo Wolfgang e Streck, Lênio Luiz (coord.). *Comentários à Constituição do Brasil*. São Paulo: Saraiva Educação, 2018.

MAYA, André e GIACOMOLLI, Nereu José. "O juiz de garantias no projeto de reforma do Código de Processo Penal", em PRADO, Geraldo; CHOUKR, Ana Cláudia Ferigato e JAPIASSÚ, Carlos Eduardo Adriano (org.). Processo Penal e Garantias. Florianópolis: EmpóriodoDireito, 2016, p. 107 a 134

MALAN, Diogo. "Prisão temporária", em *70 anos do Código de Processo penal brasileiro* (Diogo Malan e Flávio Mirza, coordenadores). Rio de Janeiro: Lumen Juris, 2011, p. 73 a 109.

______ e MIRZA, Flávio (coordenadores). *Setenta anos do Código de Processo penal brasileiro*. Rio de Janeiro: Lumen Juris, 2011.

MEIRELLES, Hely Lopes. *Direito Administrativo Brasileiro*. São Paulo: Malheiros, 2011.

MELLO, Celso Antônio Bandeira. *Curso de Direito Administrativo*. São Paulo: Malheiros, 2010.

MEIRELLES, Hely Lopes. *Direito Administrativo Brasileiro*. São Paulo: Malheiros, 2011.

MENDES, Gilmar. *Direitos fundamentais e controle de constitucionalidade: estudos de direito constitucional*. São Paulo: Saraiva, 2004.

MENDONÇA, Andrey Borges. *Prisão e outras medidas cautelares pessoais*. São Paulo: Método, 2011.

MIR PUIG, S. *Derecho Penal, Parte General*. Barcelona: PPU, 1999.

MIRZA, Flávio e MALAN, Diogo (coord.). *70 anos do Código de Processo penal brasileiro*. Rio de Janeiro: Lumen Juris, 2011.

MORAES, Maurício Zanoide de. *Presunção de inocência no processo penal brasileiro*. Rio de Janeiro; Lumen Juris, 2010.

Moura, Maria Thereza Rocha de Assis. *A prova por indícios no processo penal.* Rio de Janeiro: Lumen Juris, 2009.

Moura, Maria Tereza Rocha de Assis. "Quadro Comparativo", em *Medidas cautelares no processo penal, prisões e suas alternativas* (Og Fernandes, organizador). São Paulo: RT, p. 309 a 334.

Oliveira, Eugênio Pacelli. *Atualização do Processo Penal, Lei 12.403, de 05 de maio de 2011.* Rio de Janeiro: Lumen Juris, 2011.

Paiva, Caio. *Audiência de Custódia e o Processo Penal Brasileiro.* Florianópolis: Empório do Direito, 2015.

Pedraz Penalva, Ernesto. *Derecho Procesal Penal. Tomo I.* Madri: Colex, 2000.

Piovesan, Flávia e Gomes, Luiz Flávio e *O Sistema Interamericano de Proteção dos Direitos Humanos e o Direito Brasileiro.* São Paulo: RT, 2000.

Prado, Geraldo. "Excepcionalidade da prisão provisória", em *Medidas Cautelares no Processo Penal, prisões e suas alternativas* (Og Fernandes, coordenador). São Paulo: RT, 2011, p. 101 a 206.

Prado, Geraldo; Japiassú, Carlos Eduardo Adriano; Choukr, Ana Cláudia Ferigato (org.). Processo Penal e Garantias. Florianópolis: Empóriododireito, 2016.

Raimondi, Guido; Conforti, Benedetto e Bartole, Sérgio *Commentario alla Convenzione Europea per la Tutela dei Diritti dell'Uomo e delle Libertà Fondamentali.* Milão: Cedam, 2001.

Roxin, Claus. *Derecho Penal, parte general, tomo I.* Madri: Civitas, 1999.

Sáez Martin, Jorge Eduardo. "El Juiz de Garantía en el Sistema Adversarial", em Fernández, Maurício Decap et ali (org.). *El Modelo Adversarial em Chile.* Santiago do Chile: Thomson Reuters, 2013, p. 219 a 247.

Sanguiné, Odone. *Prisión Provisional y Derechos Fundamentales.* Barcelona: Tirant lo Blanch, 2003.

________________. "Efeitos colaterais da prisão cautelar", em *70 anos do Código de Processo Penal* (Diogo Malan e Flávio Mirza, coordenadores). Rio de Janeiro: Lumen Juris, 2011, p. 309 a 360.

Santos, Marcos Paulo Dutra. *O novo processo penal cautelar.* Salvador: JusPodium, 2011.

Sarlet, Ingo Wolfgang; Mendes, Gilmar Ferreira; Gomes Canotilho, J.J. e Streck, Lênio Luiz (coord.). *Comentários à Constituição do Brasil.* São Paulo: Saraiva Educação, 2018.

Schünemann, Bernd e Greco, Luís (coord.). *Estudos de direito penal, direito processual penal e filosofia do direito.* Madri, Barcelona, Buenos Aires, SP: Marcial Pons, 2013;

SERRANO PASCUAL, M. *Las formas sustitutivas en el derecho penal español.* Madri: Trivium, 1999.

STEINER, Sylvia Helena de Figueiredo. *A Convenção Americana sobre Direitos Humanos e sua integração ao processo penal brasileiro.* São Paulo: RT, 2000.

STRECK, Lênio Luiz; SARLET, Ingo Wolfgang; MENDES, Gilmar Ferreira; GOMES CANOTILHO, J.J. e (coord.). *Comentários à Constituição do Brasil.* São Paulo: Saraiva Educação, 2018.

TARELO, Giovani. *L'interpetazione della legge.* Milão: Giuffrè, 1980.

TONINI, Paolo. *A prova no processo penal italiano.* Tradução de Alexandra Martins e Daniela Mróz. São Paulo: RT, 2002.

VEGAS TORRES, Jaime. *Presunción de inocencia y prueba en el proceso penal.* Madrid: La Ley, 1993.

YACOBUCCI, Guillermo. *El sentido de los principios penales - su naturaleza y funciones en la argumentación penal.* Buenos Aires: Editorial Ábaco de Rodolfo Depalma.

VIVES ANTÓN, T.S. *Derecho penal, parte general.* Valência: Tirant lo Blanch, 1999.

WELZEL, Hans, *Derecho penal, parte general.* Buenos Aires: Depalma, 1956.

WOLTER, Jürgen (organização de Luís Greco). *O inviolável e o intocável no direito processual penal.* Madri: Marcial Pons, 2018.